放手的力量

在自主游戏中提升幼儿园保教质量

吕 燕 沈丽华 等 / 著

中国轻工业出版社

图书在版编目（CIP）数据

放手的力量：在自主游戏中提升幼儿园保教质量 / 吕燕等著. -- 北京：中国轻工业出版社，2025. 10.
ISBN 978-7-5184-5416-7

Ⅰ. G613.7

中国国家版本馆CIP数据核字第2025JQ5525号

责任编辑：李芳芳　　责任终审：吴　红
文字编辑：高　君　　责任校对：刘志颖
策划编辑：高　君　　责任监印：吴维斌

出版发行：中国轻工业出版社（北京鲁谷东街5号，邮编：100040）
印　　刷：中国电影出版社印刷厂
经　　销：各地新华书店
版　　次：2025年10月第1版第1次印刷
开　　本：710 × 1000　1/16　印张：12
字　　数：181千字
书　　号：ISBN 978-7-5184-5416-7　定价：65.00元
读者热线：010-65181109
发行电话：010-85119832　010-85119912
网　　址：http://www.chlip.com.cn　http://www.wqedu.com
电子信箱：1012305542@qq.com

241085Y1X101ZBW

前 言

本书是张家港市实验幼儿园联盟八所幼儿园共同努力的成果，其体现的是集体智慧和力量。这项成果虽然不是很丰厚，但是给了我们满满的信心和勇气。我们用文字的方式记录研究的历程，一方面可以见证团队的收获与成长，回顾和反思自己的研究过程；另一方面希望本书能给予同行一些借鉴、启发和思考，能为大家打开一扇通往游戏世界的大门，让每一位幼教工作者都能充分认识到游戏的力量，用它来推动幼儿园保教质量的提高，更好地为师幼的生命成长赋能。

说实话，这段研究的历程并不平坦，但我们的收获正来自研究的过程。沿途的风景是最美的，在研究的道路上我们不仅看到了游戏的魅力，更看到了游戏中表现精彩的幼儿。这段研究历程让我们更加深刻地理解了游戏与幼儿发展之间的关系，也让我们和幼儿在游戏中共同成长。

借此机会，我们要衷心感谢张家港市教育局原局长杨志刚、张家港市教育局现任局长成家武、张家港市教育局分管学前教育的原副局长钱洁雅、张家港市教育局分管学前教育的现任副局长杭铁等领导的关心与支持，正是有了他们前瞻性的思考、规划和决策，才让区域游戏项目研究成为联盟园课程改革和保教质量提升的助推器，助力幼儿园各美其美、美美与共。

感谢上海华东师范大学以华爱华教授为首的专家团队，在华爱华、张文明、方钧君、张婕、侯素雯等专家学者的精心指导下，我们联盟的教师们从理念到行动发生了翻天覆地的变化，教师们开始在游戏中发现儿童、理解儿童，也正是在观察、解读和回应中不断地提升了自己的专业素养和能力。

感谢中国轻工业出版社“万千教育”的高君老师，为了让书稿的内容更丰富、质量更高，她不远千里莅临实验幼儿园指导，针对书稿名称、内容和图片提出了专业的指导建议，让我们在一次次的修改中提高了书稿的质量，确保书稿能够顺利出版。

最后，还要感谢徐幼萍、吴海亚、时丽亚、黄琴、单霞华、韩燕燕、谢小雨、尹敏、陈小燕、翟海燕、任艳、邵愉妹、谭静及徐洁等张家港市实验幼儿园联盟的园长和教师们的出谋划策、通力协作。为了本书的撰写与出版，他们先后进行了十余次的讨论和修改，不仅为本书提供了优秀的案例，还奉献了宝贵的实践经验。张家港市实验幼儿园联盟是一个有着共同理想和教育追求的共同体，每个园所都有一群不忘教育初心、潜心钻研的实践者。这几年，我们为了“把游戏的权利还给儿童”，不断更新自己的教育理念，从环境优化到专业支持最大限度地促进幼儿在游戏中主动学习，更好地实现游戏与课程的融合，赋能教师的专业成长，推进幼儿园的高质量发展。令人欣慰的是，近年来，放手游戏研究的成效不断彰显，吸引了来自国内其他地区（如北京、上海、内蒙古、甘肃、台湾）以及马来西亚、新加坡、美国的幼教同人前来参观学习。此外，中国教育电视台、中国教育报等平台也先后报道了张家港市实验幼儿园联盟游戏研究的经验。

当然，放手游戏的研究还在路上，本书中呈现的一些做法和观点还存在一些不足之处，我们期待与各位同人进一步探讨和交流，也敬请各位读者批评指正。未来，我们将继续秉持教育的初心，脚踏实地，潜心研究与探索，用游戏点亮幼儿幸福的童年，让游戏成为教师专业成长的教科书！

让我们一起努力！

吕燕

2025 年 2 月

目录

导言

一场由游戏变革引发的幼儿园高质量发展的实践探索

2014年，江苏省教育厅提出了“幼儿园课程游戏化”项目建设的要求，旨在引导幼儿园教师树立正确的儿童观、游戏观和课程观，保障幼儿园的课程符合幼儿身心发展规律，促进幼儿健康快乐地成长。

在实施课程游戏化的过程中，我们逐渐发现，教师会控制幼儿的游戏。例如：在游戏空间方面，艺术区、科学区等区域的标志牌无形中将区域功能固化了，让幼儿在空间选择上受到了限制；在游戏材料方面，材料的结构性太强，即使有的教师向幼儿提供了吸管、纸杯等低结构材料，但是因为设定了材料的玩法，导致低结构材料高结构化，极大地限制了幼儿的探索、想象和创造活动；在幼儿游戏行为方面，教师总是不自觉地介入和指导，不仅干扰了幼儿的游戏，而且扼杀了幼儿自主探究和解决问题的机会。

以往我们认为，教师对幼儿游戏的主导、设计和控制自有它的好处：可以促使幼儿学习教师想让他们学习的知识和技能，较快地达成教育目标。然而，从长远角度看，这样做无论对教师还是幼儿都毫无裨益。

首先，对教师来说，每天设计游戏、制作玩具，不仅给他们带来了较大的工作量，更重要的是，还导致他们无法把更多的时间和精力放在观察和解读幼儿的需求方面，长此以往，他们的专业能力将无法得到有效的提升。

其次，对幼儿来说，由于游戏权利被剥夺，他们缺乏内在学习的兴趣和动机，在游戏中主动探究、想象、创造以及解决问题的能力不足，因此，其专注、坚持不懈等良好学习品质的形成也会受到影响。

幸运的是，2018年在江苏省张家港市教育局的大力支持下，张家港市实验幼儿园联盟（以张家港市实验幼儿园为核心，以张家港市机关幼儿园、南丰幼儿园、妙桥幼儿园、三兴幼儿园、新南幼儿园、沙洲幼儿园、永盛幼儿园为成员）与华东师范大学华爱华教授团队结缘，以问题为导向，以华爱华教授倡导的“放手游戏”理念为引领，努力把游戏的权利还给幼儿，同时不断探索游戏与幼儿发展的关系，探究如何解决教师“教”与幼儿“学”的问题，进而实现游戏与课程的深度融合。

我们希冀以专家团队的科学、先进的理念来引领幼儿园开展研究，以游戏变革推动幼儿园课程改革和保教质量的提升，使其形成张家港市学前教育区域游戏改革的实践范式。

一、“放手游戏”研究的过程

“放手游戏”研究先后经历了三个阶段：研究的初始阶段、研究的发展阶段和研究的深入阶段。

（一）“放手游戏”研究的初始阶段

在研究的初始阶段，张家港市实验幼儿园联盟中的八所幼儿园首先通过观摩游戏、师幼访谈等方式了解各幼儿园游戏开展的现状，然后将问题进行梳理和归纳，共同寻求解决问题的方案和对策。

华爱华教授在第一次游戏观摩活动结束时说道：“在今天的游戏活动中，我看到教师对游戏做了精心设计与安排。你们有没有发现，在教师设计的游戏中我们很难看到孩子精彩的游戏行为，因此教师总觉得孩子未达到我们预设的目标？实际上，孩子们对教师安排的游戏毫无兴趣。既然孩子是游戏的主人，那么为什么不把游戏的权利还给孩子，去了解孩子喜欢什么、对什么感兴趣、想怎么玩呢？”

华爱华教授的话让我们陷入深深的思考。是啊，虽然我们经常把“以儿童为中心”“儿童立场”的口号挂在嘴边，但是我们在行动中习惯于从成人的角度出发，绞尽脑汁地去设计和控制幼儿的游戏——幼儿去哪里玩、和谁玩、玩什么都由教师说了算，甚至连游戏情节也是由教师精心编排的。教师之所以这样做，是因为过于在意幼儿游戏的结果而非过程，这自然违背了“游戏是幼儿自觉自愿的活动”的本质，也束缚了幼儿的自主性发展。要把游戏的权利还给幼儿，教师首先需要改变自己的观念，因为观念决定着行为。

华爱华教授认为，游戏材料是幼儿游戏中最重要的物质基础，只有教师减少对游戏材料的设计与控制，让材料具有低结构性和高开放性，我们才有可能看到幼儿游戏本来的面貌，才有可能看到游戏中的真实儿童。于是，“放手游戏”研究在对材料的反思中拉开帷幕。

1. 如何去除材料的结构化？

《〈3—6 岁儿童学习与发展指南〉解读》一书中指出：“教师在材料的投放方面主要采用了封闭式投放和开放式投放两种方式，主要表现在材料设计的结构化程度上。”[①] 于是，我们开始对幼儿园各年龄班的游戏材料进行调查统计，如“高结构材料和低结构材料有哪些？”“种类是什么？”“数量有多少？”。统计结果表明，各班在区域中投放了大量的高结构材料，尤其是小班高结构材料的数量和种类比中、大班多得多。例如，益智区中投放的七巧板、拼图、棋类玩具，生活区中精心制作的“扣纽扣”“系鞋带”等操作类材料，都属于结构高的材料，因为这些材料的规则性强，开放性和可变性低，可探索的空间小，很大程度上限制了幼儿的想象力和创造力。

在进行调查统计的时候，教师们也存在一些困惑。例如，美工区、科学区等区域中既有树叶、花瓣、树枝、瓶子、吸管等大量低结构材料，又有作品范例、制作流程图、科学小实验步骤图等，那么它们到底是低结构材料还是高结构材料呢？实际上，这是低结构材料高结构化使用的典型现象，而这种现象在幼儿园中普遍存在。例如，教师提供了红、黄、蓝三种颜色的瓶盖，虽然瓶盖是低结构材料，但是因为教师提供了示意图，引导幼儿根据红、黄、蓝三种颜

---

① 李季湄，冯晓霞.《3—6 岁儿童学习与发展指南》解读［M］. 北京：人民教育出版社，2013.

色有规律地排序，导致幼儿的玩法受到了限制。如果教师不给予提示和规定，那么幼儿就可能会用吹、滚、叠、拼、搭等更多富有创意的玩法来摆弄瓶盖。因此，教师需要减少对游戏材料的设计与控制，只有这样，幼儿才有无限创造的可能性。

有的教师可能还会产生这样的疑问："对于小、中、大班不同年龄段的幼儿，应如何投放游戏材料呢？是否需要根据年龄段来分别投放？"实践表明，如果材料具有低结构、高开放性的特点，即没有玩法限制，那么不同年龄段的幼儿可以根据自己的需要玩出自己的水平。因此，材料的投放应该去年龄化，也就是说，对于同样的材料，小班幼儿可以玩，中、大班幼儿也可以玩。当将同一种材料投放到不同年龄段的班级时，我们会发现，某些小班幼儿的游戏水平不一定比中班幼儿的低，某些中班幼儿的游戏水平不一定比大班幼儿的低。这说明，材料投放去年龄化有助于我们更加清楚地了解幼儿的年龄特点和个体差异。这种投放方式的更大价值在于，幼儿对材料越熟悉，创造性使用材料的水平越高，因为幼儿在这个过程中不断地积累游戏经验。

此外，对游戏材料进行分类摆放也非常重要，例如：按照材料的属性将它们分为自然类、生活类、工具类材料；按照材料的功能将它们分为探究类、装扮类、运动类、建构类材料；等等。但是不管如何分类，教师都需要从关注幼儿知识、技能的学习转向关注幼儿的探索和创造、从关注幼儿学习的结果转向关注幼儿学习的过程，唯有如此，才能充分发挥游戏材料对幼儿学习与探索的支持作用。

2. 没有了操作流程图或示意图，幼儿还会玩吗？

在去除材料的结构化之初，有的教师说："小班幼儿年龄小，没有了操作示意图，他们不知道自己该做什么。"的确，在材料变得开放以后，有些幼儿在选择材料方面花费的时间更长，喜欢频繁更换材料，操作的目的性不强、专注度不高，作品也不如以前丰富了。此时，我们是应该质疑低结构材料投放得不对，还是应该反思长期的高结构材料固化了幼儿的思维？为什么离开了教师的目标驱动，幼儿就变得不会玩了？我们召集教师研讨，倾听他们不同的意见和想法。

最终，大家一致认为："材料调整伊始出现的这些问题，恰恰是需要我们观察和思考的。"于是，大家耐心等待并仔细留意幼儿是怎么玩、怎么与材料互动的。在持续观察了一个月后，教师们发现，幼儿开始对材料表现出了一定的兴趣，选择材料的目的性增强了；幼儿的想象力变丰富了，没有了操作流程图或示意图的限制，幼儿创新了更多的玩法。教师们兴奋地交流着彼此的发现，并由衷地感叹道："没有老师的直接示范和指导，幼儿变得这么能干！"

（二）"放手游戏"研究的发展阶段

游戏材料的优化与调整，使每个班级的环境焕然一新。我们看到，游戏空间日益开放，各游戏区不仅有机融合，还相互贯通，最大限度地满足了幼儿的游戏需求。因此，教师们每天都对幼儿的游戏充满了期待，积极地捕捉幼儿游戏中的精彩瞬间。但是，在这个过程中，教师们也产生了一系列困惑。

1. 放手游戏后，幼儿的安全如何得到保证？

放手游戏之后，教师们并未感觉到室内游戏带来的安全挑战，最大的顾虑来自户外游戏中孩子的安全问题。有的教师说："有些男孩太调皮了，你一放手，他们就像脱缰的野马四处撒欢。如果他们因此磕碰受伤了，那么该怎么办呢？"教师们的担忧不无道理：班级中幼儿的数量多，教师无法一一关注，万一幼儿出现安全问题，可能会引发家园矛盾甚至纠纷。

一次偶然的机会，我们在运动场上看到一个孩子在玩滚筒游戏，我们习惯性地驻足观看并用手机进行了拍摄。没想到，这段游戏视频让我们如获至宝，成为教师认识、理解幼儿安全问题的最佳素材。

视频中的主人公是一名大班的小女孩，这天是她初次尝试玩滚筒。一开始，为了站到滚筒上，她尝试借助于花坛的边沿支撑滚筒，在滚筒固定后她稳稳地站了上去。为了让滚筒向前滚动，她不断地用脚尖轻轻踩动。她小心翼翼地尝试，大约 17 分钟后，滚筒向前移动了一点点，但她稍一用力，就从滚筒上掉了下来。就这样，她先后掉下滚筒 21 次，但每次掉下后她都会再次站上去。时间一分一秒地过去，45 分钟后，我们看到小女孩终于让滚筒向前连续滚动了数米，此时，她的脸上露出了开心的笑容。

当我们观察并拍摄完这段视频后，内心久久不能平静，我们深深地被这个小女孩沉着冷静、不怕困难、敢于尝试和挑战的精神感动。

后来，我们把这段视频发给教师们观看，并开展了以“游戏中的安全”为主题的园本教研活动。通过研讨，教师们意识到，原来幼儿天生就具有自我保护的意识和能力，他们的挑战和尝试并不是在盲目地冒险，而是基于自己的游戏需求和能力水平，因为他们清楚地知道自己能做什么、不能做什么。也正是因为这次研讨活动，教师们对幼儿游戏中的安全问题有了更加深刻的认识和理解。

2. 幼儿在游戏中出现重复的行为正常吗？

放手游戏，意味着教师不再轻易介入和指导幼儿的游戏。但是，教师们发现，幼儿的游戏似乎重复发生，重复的游戏行为让教师们感到不安和着急。

“你看，孩子们天天用瓶盖玩垒高的游戏，都玩不出什么新花样。”

“就是，昨天他们就在用瓶子玩水，今天还是老样子。”

……

为什么材料变得低结构了，孩子们的游戏水平还是没有提高呢？有的教师开始忍不住介入和指导了。

“这种积木除了可以用来搭建桥，还可以用来搭建什么呢？”

“你用树枝、木片和树叶拼出了‘娃娃’，能不能再找些其他材料拼出更多的东西呢？”

“你用沙子做蛋糕，为什么做出来的‘蛋糕’总是坍塌？是不是沙子里缺水呀？”

……

在教师的“好心指导”下，幼儿的游戏一度被打断。对于这样的现象，华爱华教授为我们进行了答疑解惑，她指出：“教师不自觉的介入和指导体现出教师对游戏的不放手、对幼儿的不信任，教师总是带着预期的目标去观察幼儿的游戏，希望幼儿能玩出教师想要的玩法，所以教师总觉得幼儿的游戏不够精彩、没有深度。大量重复性的游戏行为恰恰说明幼儿正处于探索材料的初级阶段，反映了他们对未知事物的好奇心，他们正在巩固大脑内部的认知结构，对正在做的事情进行意义建构，他们重复一段时间后就会创造属于自己的最近发展区。当我们选择介入或干预的时候，我们实际上并不懂幼儿，不了解幼儿真实的想法，也不明白幼儿游戏行为背后的学习。要做到真正放手，我们唯一能做的就是信任幼儿，给予幼儿充分的游戏时间、空间，以最少的干预耐心地等待和发现幼儿游戏的精彩之处。"这席话让教师们豁然开朗，他们纷纷表示："接下来一定要管住嘴、管住手，做一名好奇的观察者、真诚的欣赏者、积极的发现者和温暖的陪伴者。"

3. 放手与放任的边界在哪里？

在放手游戏理念的熏陶下，教师们变得越来越从容淡定。他们允许幼儿自主选择游戏材料、自主设计游戏玩法。当幼儿出现矛盾纠纷时，他们鼓励幼儿自主协商解决。当幼儿遇到困难时，他们不动声色、耐心地观察幼儿会怎么做，会想哪些办法解决。当幼儿出现冒险行为时，他们不再像以前那样大惊小怪地在第一时间冲上去阻止，而是暗中进行观察和保护。在不贸然干扰或介入的思想指引下，幼儿的游戏越来越精彩、越来越好玩了。

可是一段时间后，教师们发现：大多数幼儿停留在操作层面而非对材料进行深入、持续的探索；少数幼儿在游戏一会儿后出现兴趣转移的现象，开始频繁地更换场地和材料，有的幼儿甚至出现嬉戏、打闹的行为。这下教师们犯难了："如果介入其中，担心影响了幼儿的游戏；如果放任不管，幼儿的游戏水平又停滞不前，应该怎么办呢？如何把握放手与放任的边界，既不干预幼儿的游戏过程，又能促进幼儿游戏水平的提升呢？"

就在教师们一筹莫展之际，华爱华教授带领我们奔赴浙江省湖州市安吉县进行实地参观学习。在安吉游戏现场，我们发现那里的教师也处于退后的状态，耐心地观察和捕捉幼儿在游戏中的行为。然而与我们不同的是，游戏结束后安吉的教师会鼓励幼儿用图画、符号等记录游戏中发生的事情或他们遇到的问题，还会鼓励幼儿讲述游戏故事。同时，教师还会结合游戏中拍摄的视频、照片与幼儿一起回顾、探讨。在探讨过程中，幼儿的态度之主动、思维之活跃让我们赞叹不止。这样的游戏分享是真正意义上的思维共享，不仅能帮助幼儿回顾和反思自己的游戏行为，还能引导他们不断梳理和提升自己的经验。这样的游戏分享才是真正有效的介入，如果没有教师与幼儿、幼儿与幼儿之间高质量的对话和交流，幼儿的游戏经验和游戏水平又怎能得到提升呢？

实地参观学习后，教师们开始重视游戏后的分享环节，鼓励幼儿自己发现问题、提出问题并解决问题。例如，在一次积木游戏中，一名中班幼儿在建构“灯塔”时连续 4 次出现积木倒塌的现象，但是他没有放弃，教师也没有随意介入其中。游戏结束后，教师播放了自己拍摄的视频，并引导幼儿回顾和思考：“为什么灯塔总是倒塌？不平衡的原因是什么？你们有哪些解决的办法？”通过探讨，幼儿想出了很多办法，教师一一进行了记录，并鼓励幼儿在下次游戏时进行尝试，以验证方法的可行性。第二天，幼儿尝试运用这些方法，果然解决了灯塔不平衡的问题，推动游戏向前迈进了一步。

4. 游戏需要主题吗？

在一次积木游戏观摩活动中，我们看到大班幼儿正在建构“我的家”，他们根据预先制订的游戏计划进行搭建，有的负责搭建“桌椅”，有的负责搭建“沙发”“电视柜”等。在中班，我们看到幼儿正在认真建构“大船”，有的在建造围栏，有的在建造甲板，配合默契。观摩活动结束后，华爱华教授认为这两个游戏场景中的孩子正在进行“命题搭建”，因为孩子们建构的主题非常明显，游戏行为的目的性也很强，他们不仅有明确的计划，还有分工与合作。这时，个别教师提出了疑问：“游戏需要主题吗？”对于这个问题，有的教师认为游戏应该有主题，否则幼儿游戏的目的性不强；有的教师认为游戏可以没有主题，这样幼儿游戏的内容会更加丰富。到底应该怎么做呢？华爱华教授说：“最好的答案就是去尝试和探索，用事实说话。”

教师们率先在积木游戏区探索无主题的游戏。一开始，教师们对无主题的游戏感到些许迷茫，但出乎意料的是，孩子们给了教师很多惊喜。因为没有教师设定的游戏主题的限制，孩子们的想法和创意更多了，例如：有的孩子用积木搭建了轨道，让小球在轨道中滚动前行；有的孩子用积木搭建了一辆雪橇，然后坐在雪橇上模仿滑雪；有的孩子用积木搭建了一座小桥，然后从桥的这端跨到桥的那端，像运动员一样比赛……每个孩子都投入自己喜欢的游戏中，玩得不亦乐乎。受此启发，沙水游戏区中的教师也鼓励幼儿自主设计游戏的主题，于是孩子们不再玩单一的引水架桥游戏，而是萌生了更多的玩法，例如：有的孩子挖隧道，让小车在隧道中穿梭；有的孩子用木板架高桥，让小球从桥面往下滑；有的孩子用水玩起了冲浪……真是精彩纷呈。

由此可见，教师不设定游戏的主题，不是指游戏没有主题，而是指教师把更多游戏的空间、自主权和决定权给予幼儿，让幼儿完全按照自己的意愿探索自己感兴趣的游戏主题。因为游戏主题是幼儿自己设定的，所以幼儿的内在兴趣和动机就会被激发出来，他们对游戏就会有更多的想法和创意，也就能更好地推动游戏的生长，创造出更多精彩的“哇”时刻，不断地使自己的经验得到拓展。

（三）“放手游戏”研究的深入阶段

对于放手游戏之后面临的各种问题，教师们边实践边思考，不仅找到了解决某些问题的方法和策略，而且对放手游戏的理念有了更进一步的认识和了解，使放手游戏的研究走向更加深入的阶段。

1. 游戏故事需要加工吗？

2020 年初，我们通过线上分享游戏故事、游戏案例的方式开展研讨活动，由华爱华教授进行点评和指导。我们原本以为自己写的游戏故事特别精彩——不仅描述得具体翔实，而且反思深刻，既有理论依据，又有行为分析——但是，华爱华教授的提问引发了我们的深思：“游戏故事是写给别人看的吗？游戏故事需要教师加工吗？”教师要注意游戏故事的真实性、客观性，不要人为地编撰和加工幼儿的游戏；在撰写游戏故事前，教师需要重温幼儿的游戏视频，细致地观察幼儿的游戏行为，倾听幼儿说了什么，深入思考幼儿的经验是什么、解决了什么样的问题以及有没有学习发生。我们只有读懂了幼儿，才能有效地回应和支持幼儿，才能真正帮助幼儿提升经验。渐渐地，我们开始懂得，原来游戏故事是随着幼儿的游戏自然生发的，不需要教师修饰它。

为了帮助教师真实、完整地记录幼儿游戏的过程，我们给每位教师准备了一个手机支架。游戏开始时，教师撑起支架，全程进行拍摄和记录；游戏结束后，教师回放游戏视频，选择有价值的信息进行记录，并根据视频内容进行客观描述和分析。我们撰写的游戏故事有可能是对幼儿某次游戏的描述，也有可能是对幼儿多次游戏的记录。但不论何种形式，最重要的是让游戏故事保持真实性和客观性，而不是一味地追求完美结果的呈现，因为我们看到失败的游戏对幼儿来说也是一种学习。

2. 放手游戏中的观察如何进行？

在放手游戏过程中，教师最重要的工作就是观察幼儿的游戏。观察不仅能让教师发现幼儿的游戏行为，还能助力他们读懂幼儿游戏背后的所思所想，为教师回应与支持幼儿提供了重要依据。

教师对“观察”的认识最初非常简单，他们认为拿着手机认真拍摄幼儿游戏的过程就是观察。可是拍摄结束后，教师面对长达几分钟甚至十几分钟的视频产生了困惑：一方面，重温视频需要花费很多时间；另一方面，因为一镜到底拍摄，视频中的有些片段毫无重点，应该如何选择或删减呢？特别是有的教师一边观察一边指导，导致视频拍摄过程中出现画面中断的现象。

放手游戏中的观察到底如何进行？首先，教师应学会退后一步，敢于放手让幼儿游戏，不轻易介入幼儿的游戏。其次，教师不仅要认真“观”，还要带着好奇心去“察”，要对幼儿的好奇点感到好奇。例如，在积木游戏中，孩子们正在搭建“斜坡轨道”，他们在两块木板中间留出一道缝隙，这时教师就要带着好奇心去观察和猜测：为什么要留缝隙呢？是为了节约游戏材料，还是因为这样的轨道能让小球更加平稳地滚动呢？带着好奇心去观察，教师观察的目的性就会更强，观察的兴趣也会更加浓厚。

教师不仅要带着好奇心，还要带着欣赏的眼光去观察幼儿的游戏。有些教师总是以成人的视角去审视幼儿的游戏，总觉得幼儿的游戏不够精彩，总觉得他们还没有玩出令人激动的“哇”时刻。与成人视角下的观察不同，带着欣赏的眼光去观察意味着你对幼儿的尊重和信任。例如，在小树林中，有的幼儿借助于轮胎、小草、泥土、砖块、树枝等材料玩“野餐”游戏，他们把轮胎当“锅”，拿小草做“菜”，教师看到后夸奖他们善于开动脑筋、就地取材。得到教师的肯定后，幼儿玩得更开心、更投入了，他们积极创新游戏的情节和玩法，不断推动游戏深入开展。由此可见，教师欣赏、鼓励式的观察更能激发幼儿游戏的积极性和主动性。

3. 如何解读幼儿的游戏？

教师在幼儿游戏中拍摄的视频与照片不能躺在计算机或手机里，而应该被阅读、被使用。观察和记录幼儿的游戏只是第一步，读懂幼儿的游戏更为关键。教师应该透过幼儿的游戏行为看到他们在游戏中的学习与发展，但这一点对教师来说是一个很大的挑战。

起初，教师对于“如何解读幼儿的游戏”摸不着头脑，他们不能聚焦于幼儿在游戏中的具体行为进行解读，大多凭借自己的主观想法去猜测和分析。有的教师尤其喜欢套用《幼儿园教育指导纲要（试行）》和《3—6 岁儿童学习与发展指南》中的一些观点，不仅使解读显得笼统、浅显、无重点，而且让人觉得所有解读大致相同。那么，如何解读幼儿的游戏呢？教师们就这一问题进行了讨论，最后一致认为，教师需要反复回看幼儿游戏的视频，不仅自己要重温，还要带着幼儿一起对游戏进行细致的回顾。在重温视频的时候，教师还要采用多通道参与的方式。

- 用眼睛看：看看幼儿在游戏中做了什么，他们选择了哪些材料、是怎么玩的。
- 用耳朵听：听听幼儿在游戏中说了什么，他们与同伴是怎么对话的，特别是当出现矛盾冲突的时候，他们是怎么商量、讨论的，想出了哪些解决的办法等。

- 用嘴巴问：当看不明白的时候，教师就需要与幼儿对话，询问并倾听他们的想法。例如：你为什么这么做？你是怎么想的？
- 用大脑思考：想一想幼儿的行为背后蕴含了哪些领域的学习与发展，他们的前期经验是什么、当前兴趣是什么，他们又获得了哪些新经验、新知识，这些经验和知识是关于语言发展、动作发展、社会交往、科学探究、艺术审美的，还是关于情感态度的。

4. 游戏与课程相矛盾吗？

《3—6岁儿童学习与发展指南》指出："要珍视游戏和生活的独特价值。"教师们对此有自己的认识和思考，他们认为：每天开展游戏活动，结束后还要进行游戏分享，根本没有时间开展其他的课程；有些活动（比如以季节、节日、节气等为主题的活动）也很有价值，对幼儿的发展也很重要。

如何理解并处理好游戏与课程之间的关系呢？事实上，游戏本身就是课程。1903年，中国第一所官办学前教育机构——湖北幼稚园（后改名为湖北武昌蒙养院），首次将游戏纳入课程。1923年，陈鹤琴先生在南京创办了鼓楼幼稚园，并在其起草的《幼稚园课程标准》中明确提到游戏，从目标、内容及幼儿游戏的最低限度等方面进行了说明。

自从放手游戏后，我们更是深深地体会到"幼儿园一日生活皆课程"的理念，理解了游戏即课程的含义，看到了幼儿在自发性游戏中如何实现课程目标。例如，当幼儿用积木搭建不同造型的房子时，当他们用积木搭建各种轨道滚球时，当他们连接水管运水时，当他们在沙池里堆山挖河时，这些游戏无不涉及对称、平衡、数量、测量等科学概念，以及动作技能、社会合作、艺术表达等多领域的经验习得。与此同时，教师积极捕捉游戏中有价值的教育契机，通过游戏分享或基于游戏生成的教学活动，不断拓展幼儿的思维，提升幼儿的经验。例如，在中班的沙水游戏中，教师基于观察发现：幼儿在引水架桥的过程中对管道的连接方法产生了疑问——为什么水总是漏出来？管道和管道之间应该如何叠放？教师以此为契机生成了"管道连接"的科学活动，鼓励幼儿通过探究和操作来获得管道叠放位置、支架高低对水流产生影响的经验，进一步支持幼儿持续深入地学习与探索，而这不正是课程所要实现的价值吗？不恰恰反映了游戏与课程的密切关系吗？

二、“放手游戏”研究后的收获与成长

关于放手游戏，我们持续研究了大约 6 年。这一路走来，在践行放手游戏理念的过程中，我们遇到了种种困难，有过迷茫、困惑和焦虑。但庆幸的是，我们坚信“让游戏的权利回归儿童”的做法是正确的。因此，面对困难，一方面，我们依托园本教研的力量，组织教师基于游戏现场开展研讨活动，寻求解决问题的办法和对策；另一方面，我们依托张家港市实验幼儿园联盟的力量，抱团研究、相互借鉴、共同探讨，拥有了更多的信心和勇气。当然，我们也多次向以华爱华教授为首的专家团队请教，请他们为我们答疑解惑。就这样，在坚持不懈的追求中，在勇往直前的探索中，我们终于迎来了曙光，因为我们欣喜地看到“了不起的儿童”“懂儿童的教师”和“有力量的幼儿园”。

（一）看到“了不起的儿童”

在放手游戏前，孩子们在游戏中并不是非常投入，有时他们会观望、闲聊或发呆，少了一份专注和坚持。特别是当有同行来园参观时，他们的注意力会随着参观者发生转移。如今，孩子们完全沉醉于自己的游戏，即使有人前来参观，他们也不会受到影响，因为他们正专注于自己的探索活动。

2022 年 9 月，四川师范大学鄢超云教授来我园进行现场指导时，很好奇地问：“你们幼儿园的孩子为什么都不跟我打招呼？”但是，当他看到孩子们在游戏中专注的表情时，他做出了回答：“孩子们都在非常专注地游戏，不再对我们这些陌生的老师感到好奇；他们不再被外界的事物打扰，而是沉浸于游戏中。”

的确，孩子们不仅在游戏中变得专注投入了，还变得勇敢了。他们敢于挑战和冒险，善于探索和创造。

他们将竹梯架在高高的树枝上，计划建造一座“空中小屋”，这让我们不

得不赞叹他们超乎寻常的想象力与创新力；他们站在 14 层高的软垫上模拟跳水运动员从高处往下跳，这让我们不得不赞叹他们的胆量与勇气；他们为了站到滚筒上行进，进行了将近 1 小时的练习，这让我们不得不佩服他们的执着与坚持……这就是我们的孩子—— 一群“了不起”的儿童，他们用自己的眼睛发现了世界，用自己的双手和大脑创造了世界。这也让我们越来越坚信：儿童是积极主动的、有能力的学习者，儿童是游戏专家。

（二）看到“懂儿童的教师”

游戏中的儿童是生动的、活泼的、阳光的，陪伴儿童一起游戏的教师是敏感的、智慧的、温暖的。放手游戏不仅让我们看到了一群“了不起的儿童”，也让我们看到了一群“懂儿童的教师”。

因为放手游戏，教师与幼儿之间的关系变得越发和谐。他们不再是幼儿眼中高高在上的老师，而是幼儿游戏中亲密的伙伴和朋友。他们更加懂得每个幼儿都是独一无二的个体，更加理解幼儿的好动、调皮和“不守规则”恰恰是幼儿在探索、创造和学习。他们开始对幼儿好奇，因为幼儿是天生的游戏高手和科学家，成人应该向幼儿学习。

因为放手游戏，教师越来越能体验到职业的幸福感。以前，教师对于日复一日的教育工作深感疲惫和倦怠。但是，自从放手游戏后，他们对职业有了不同的认识和理解。张家港市实验幼儿园一位即将退休的教师说：“现在，我每天最喜欢的事情就是去看孩子们游戏，和孩子们一起游戏，因为孩子们每天都会带给我惊喜，我现在越来越觉得做幼儿园教师真的很开心。”这是教师的肺腑之言，也是教师的真情流露。的确，放手游戏让我们离孩子越来越近，也让我们更加喜欢幼儿教师这个职业，因为我们体验到了职业带来的幸福感、满足感和成就感。

（三）看到“有力量的幼儿园”

幼儿园是孩子和教师共同生活的场所。因为有了“了不起的儿童”和“懂儿童的教师”，幼儿园如同阳光下的向日葵一般富有生命张力，不断向上生长，彰显出蓬勃、旺盛的生命力量。

看，孩子们在山坡上奔跑、在沙池中探索、在花园里创作、在草地上嬉戏……那灿烂的笑脸、爽朗的笑声，已然成为每一所幼儿园里最美的风景。

听，教师们探讨了一个又一个问题、开展了一场又一场热烈的对话……教师们专业成长的拔节声响彻幼儿园里的每一个角落。

变革是一种觉醒、一种挑战，更是一种成长，它指引着我们不断走向游戏研究的彼岸，不断地激励着我们前行。

让我们秉持教育初心，创新游戏实践，让游戏成就儿童幸福、美好的童年！

第一章

放手：创设自主学习的空间

专家说

游戏是幼儿的天性，更是幼儿的权利。但是当把游戏作为教学手段时，教师常常会从幼儿那里夺得大部分的游戏权，幼儿玩什么、怎么玩、用什么玩、与谁一起玩大都由教师说了算，游戏沦为教师手中的工具。于是，尊重幼儿游戏的权利与教师控制幼儿游戏的走向之间，产生了矛盾。

放手游戏，就是把游戏的权利还给幼儿，这要求我们相信幼儿是有能力的、主动的学习者，相信游戏本身具有促进幼儿主动学习与自我发展的功能。张家港市实验幼儿园联盟的教师们首先选择了相信，并开始放手游戏。

那么，放手游戏应该如何做呢？他们进行了反思，试图发现幼儿的哪些游戏权利被教师牢牢地控制在手里。他们发现，原来教师对幼儿游戏的控制在于按照小、中、大班幼儿的年龄层次，根据阶段性或即时性的主题教学目标，将各种材料加以结构化编制，并分别投放在指定的功能区里。这些材料既体现了各种来自教材的意图，也体现了大量源于教师经验的主观意图，还包含了对每个年龄段幼儿整齐划一的要求。教师需要观察幼儿是否按照老师的设计意图行动、能否达到老师提出的要求，教师的指导则是功利性地让不同的幼儿朝着同一个目标开展游戏。

因此，放手游戏就从三个“去”入手，即去结构化、去年龄化、去主题化，从而实现游戏的全面开放。

去结构化，就是把高结构材料还原成低结构材料，即去掉对材料的预设目标和玩法。结果表明，幼儿在不同的时间里先后达成了教师想要他们达成的目标，甚至远远超越了教师预设的目标。

去年龄化，就是不再按照不同年龄班的不同要求来提供材料。由于低结构材料没有固定的玩法，因此，教师可以将同样的材料分别投放到小、中、大班。结果，教师惊喜地发现：一是同样的材料在小、中、大班可以被幼儿玩出不同的花样，反映了不同年龄班幼儿的不同发展水平；二是小班部分幼儿的游戏水平不一定比中班幼儿的低，中班部分幼儿的游戏水平不一定比大班幼儿的低。

去年龄化的材料投放，反而让教师更加清晰地看到了幼儿的年龄特点和同一年龄段幼儿发展的个体差异。

去主题化，就是除了某些必要的具有文化内涵的主题外，教师不再用预先设定的探究性主题限制幼儿的游戏行为和过程，因为探究是幼儿游戏中的自然行为。结果表明，幼儿基于生活和游戏经验而自发生成的主题更加丰富和多元。这些主题有的很快终止，有的可持续开展几天，长的可持续开展一周以上；有的主题只是个别幼儿感兴趣，有的主题吸引了更多幼儿参与，有的主题是在幼儿相互模仿后形成的。教师通过观察、倾听和讨论追随大部分幼儿感兴趣的主题，而其中有意义的学习、深度学习随时都在发生。

（华东师范大学教授　华爱华）

《幼儿园教育指导纲要（试行）》《3—6 岁儿童学习与发展指南》《幼儿园工作规程》等文件中明确指出，游戏是幼儿园的基本活动。近年来，越来越多的教师意识到游戏对幼儿发展的意义。然而，在游戏实践中，许多教师还未真正做到放手。

通过阅读本章，你将：

- 了解放手游戏的常见问题和应对策略；
- 掌握如何从游戏空间、游戏材料和游戏时间入手放手游戏。

第一节　为什么放手

尽管放手游戏的理念已经深入教师心中，但是在实践中教师还是会遇到一些问题：为什么放手？如何做到真正放手？哪些理论能有效地支撑放手游戏的理念？放手游戏后，教师要把哪些权利还给幼儿？

一、放手游戏前的常见问题

放手游戏前，教师的思维还未完全打开，理念还没有完全转变，因此在空间规划、材料投放和教师指导方面时常存在一些问题。

（一）空间规划问题

教师常常根据幼儿学习与发展的领域将游戏空间划分为语言区（见图 1-1-1）、科学区、美术区、生活区等，或者按照游戏类型将游戏空间划分为建构区、角色扮演区、表演区等。这样的划分方式看似让每个游戏区的功能明确，但是忽视了幼儿在游戏中获得的知识、经验是整合性的。教师在空间规划上预设了每个游戏区的学习任务（见图 1-1-2）、学习功能甚至游戏角色（见图 1-1-3），限制了幼儿在游戏中利用空间的自主性。

图 1-1-1

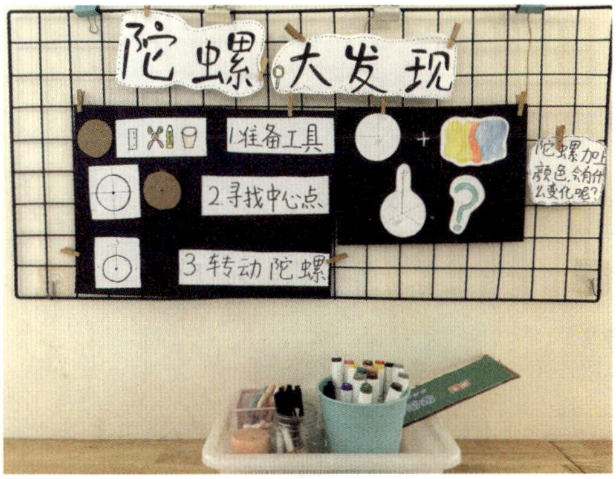

图 1-1-2

图 1-1-3

（二）材料投放问题

材料是幼儿深化游戏的关键。幼儿通过操作、试误、重复等方法与材料互动，获得来自材料的直接反馈。在投放游戏材料时，教师时常会选择一些高结构材料。然而，高结构材料的固定结构和玩法（见图 1-1-4、图 1-1-5）很难满足不同发展水平幼儿的游戏需求。同时，由于高结构材料的玩法比较单一，因此幼儿对这类材料的兴趣持续时间不长。有时，教师虽然有意识地投放低结构材料，但往往根据预设的目标对材料进行加工，出现了低结构材料的玩法高结构化的现象（见图 1-1-6、图 1-1-7）。

图 1-1-4

图 1-1-5

图 1-1-6

图 1-1-7

（三）教师指导问题

在游戏中，教师时常出现过度介入幼儿游戏的行为，例如：忽视幼儿感兴趣的内容，指导幼儿按照自己的要求操作；当幼儿遇到问题时，直接代替幼儿解决；等等。教师的过度指导不仅会破坏幼儿原有的游戏想法、游戏兴趣和游戏经验的连续性，还会阻碍幼儿对游戏材料的观察、思考和探索，干扰幼儿的想象力、创造力、探索能力、问题解决能力和个性的发展。

娃娃家里的“成长”（小班）

小班幼儿游戏时间开始了，几个孩子走进娃娃家，拿着材料摆弄起来。凯凯站在柜子旁，将“苹果”放在嘴边假装吃，不断重复着这个动作。怡怡抱着布娃娃坐在地上，呆呆地看着旁边的小朋友。希希则把玩具放在地垫上滚来滚去。

他们之间没有交流和互动。

见状，教师走上前问：“你们今天在做什么呀？谁是爸爸，谁是妈妈呀？”他们看着老师，不说话。

教师说：“爸爸要在这里烧饭，妈妈要带着宝宝玩、给宝宝喂奶。今天你们谁烧饭？谁带宝宝呀？”

凯凯说道：“我烧饭。”

教师说："嗯，那你就是爸爸啦！"

怡怡说："我做妈妈。"说着，她就慢悠悠地开始了行动。

旁边的诺诺抢过怡怡手里的布娃娃说："我也要照顾宝宝，做妈妈。"

怡怡见状哭了起来，教师赶忙说道："诺诺，你可以做姐姐呀，帮妈妈照顾宝宝。希希可以做小客人，来家里做客吃饭呀！"

上述案例中，当观察到幼儿在游戏过程中缺乏交流时，教师立即进行了介入。教师希望通过语言引导，启发他们思考游戏中有哪些角色以及这些角色应该做什么，进而鼓励他们积极参与游戏并与同伴互动。但是，教师忽视了小班幼儿以平行游戏为主的年龄发展特点，也忽视了幼儿自主游戏的需求。

二、放手游戏的理论基础

我国著名教育家陶行知、陈鹤琴、张雪门的相关教育思想和主张，为放手游戏奠定了坚实的理论基础。

（一）陶行知的"解放儿童"思想

陶行知相信儿童具有创造力，他在育才学校开办两周年纪念活动前夕首次提出创造教育的问题，并指出"处处是创造之地，天天是创造之时，人人是创造之人"。在谈到解放儿童的创造力时，他提出了"六大解放"思想，即解放儿童的头脑、解放儿童的双手、解放儿童的眼睛、解放儿童的嘴、解放儿童的空间、解放儿童的时间。

"六大解放"的内容是相互联系的，儿童的头脑、双手、眼睛和嘴是他们探索周围环境的重要通道，因为儿童尤其是学前儿童依赖直接感知、实际操作和亲身体验来认识世界。解放儿童的空间和时间为他们的学习、生活提供了自由、自主的外部环境，是支持他们积极进行探索活动的保障。

"六大解放"思想尊重儿童，它既是创造教育的精华，也是实现创造教育目标的途径，旨在培养具有创造性思维和创造力的人才。

（二）陈鹤琴的“活教育”思想

针对旧式教育理论脱离实际、学校脱离社会和教学脱离儿童实际的弊端，陈鹤琴提出了“活教育”思想。他基于当时最新的儿童心理学研究成果和自己的教育实践，提出“活教育”应该遵循的17条教学原则，包括：凡是儿童自己能够做的，应当让他自己做；凡是儿童自己能够想的，应当让他自己想；鼓励儿童去发现他自己的世界；大自然、大社会是我们的活教材；教学游戏化等。

受美国哲学家、教育家、心理学家约翰·杜威（John Dewey）“从做中学”思想的影响，陈鹤琴主张“活教育”的方法就是“做中教，做中学，做中求进步”。这里的“做”强调两个方面：一方面，注重儿童在学习过程中的主体地位；另一方面，关注儿童直接经验的获取。

陈鹤琴研究了儿童游戏的发生与发展、儿童游戏与工作的关系以及儿童游戏的价值，提出“游戏是儿童的生活”“游戏就是工作，工作就是游戏”等观点。家长与教师应尊重儿童在游戏中的主体地位，不能不顾儿童的意愿，不能总是要求儿童按照成人的意愿做事。

家长与教师应尊重儿童的兴趣和需要，让儿童在游戏情境中主动、积极地探索和发现，以自己的方式获得各种经验。同时，要为儿童创设良好的游戏环境，为他们自发、自愿的活动提供条件，并将教育目标渗透其中，促进儿童的身心健康和谐地发展。更为重要的是，教师要学会欣赏儿童的游戏，欣赏他们在游戏中异想天开、创造的品质。

陈鹤琴还强调，家长与教师应关注儿童游戏的愉悦性，不能使游戏成为任务。游戏的发展价值以儿童获得自由自主的游戏体验为基础，在活动中若儿童的快乐和自主被剥夺，那么无论教师怎么强调活动对儿童发展的好处，都是值得怀疑的。

（三）张雪门的“儿童本位”思想

张雪门强调释放儿童的天性，提出了“儿童本位”思想，认为幼稚园就是要让孩子们会玩、能玩，增进他们的健康和快乐，从游戏中获得知识和技能，这样他们长大后才能拥有适应社会的能力。

张雪门非常重视儿童自发自动的游戏。他认为：儿童在自发自动的游戏里，有自己的目的、计划；如果自发自动的游戏常常被阻止和打断，将会让孩子在以后的生活中表现得有头无尾。儿童自发自动的游戏不仅会在家里出现，也会在幼儿园户外自由活动的时候随处可见。这时候教师千万不要随意打断儿童的游戏，而应当因势利导，帮助儿童完成游戏目标，这一定会对儿童将来做事有良好的影响。

此外，教师在教室里也应当尽量给予儿童自发自动游戏的机会，儿童可以自己定目标、做计划，这会对他们将来的人生有很大的帮助。自发自动的游戏对儿童最大的价值在于可以帮助他们养成全神贯注的习惯，使行为与精神达到统一，有利于儿童健康心理和完整人格的形成。

三、放手，把游戏的权利还给幼儿

放手游戏的前提是教师对幼儿能力的充分信任。教师只有相信幼儿具有自我发展的能力和巨大的发展潜能，才会把游戏的权利真正还给幼儿。在不同的游戏阶段，幼儿可能会遇到不同的情况。当教师在游戏前、游戏中和游戏后学会放手后，幼儿在整个游戏过程中就有了更多的选择权和决策权。

（一）游戏前的放手

教师在游戏前放手，意味着幼儿可以自主选择在什么地方玩游戏、游戏的内容是什么、游戏中使用哪些材料以及和谁游戏，从而带着满足和愉悦的情绪参与游戏。

户外游戏前的小插曲（大班）

最近，大班的孩子都在户外玩沙水游戏。这天，正当大家准备出去玩沙水游戏时，然然拉着小伙伴走到教师面前说：“老师，今天能不能不去户外游戏呀？”教师询问理由，然然说他们想在教室里的建构区搭建别墅，因为他们早上搭的别墅还没有完成。看着他们期待的眼神，教师同意了，只带着其他孩子去玩沙水游戏，允许然然和小伙伴继续自己的搭建工作（见图 1-1-8）。

户外游戏结束后，教师带着孩子们回到教室，远远地就看见走廊里有一座“精致的大别墅”（见图 1-1-9），孩子们围过去争先恐后地观察，纷纷发出惊叹声：“哇，好漂亮的房子呀！”“哇，你们搭得好高呀！”“这里搭的是什么呀？”教师让然然介绍一下他们的作品，然然对“别墅”的每个地方一一做了说明：“下面是停车场，楼梯外面是小花园，花园里还有小亭子，上面每一层有客厅、厨房和卧室。”然然重点介绍了他们是如何将不同颜色的麻将牌有规律地摆放作为装饰物，让整个“别墅”焕然一新的。

图 1-1-8

图 1-1-9

上述案例中，然然和小伙伴不愿意跟着大家一起玩沙水游戏，而是想继续待在教室里的建构区完成自己的“工作”。教师满足了他们的愿望，给予他们选择游戏主题的权利，从而看到了一幅令人惊叹的建筑作品。由此可见，在游戏前给予幼儿自主游戏的权利，会让他们对游戏更加投入，迸发出无限的想象力和创造力，并不断丰富自己的游戏经验。

（二）游戏中的放手

在游戏过程中，教师的放手意味着幼儿可以自己决定如何调整游戏、如何更换材料、如何表征或表达等。教师应关注幼儿的兴趣和需求，在适当的时候提供适宜的引导或支持。

画画那些事儿
——我的幼儿园我做主（大班）

在以往的“未来小画家”游戏中，大班幼儿会在2号场地画自己喜欢的作品。但是这一次，他们想走出2号场地，在幼儿园的各个地方留下自己绘画的痕迹，让更多的小伙伴看见自己的作品。

这同时也带来了问题：幼儿园是大家的，孩子们可以在公共区域画画吗？孩子们带着这个问题找到了园长妈妈，园长妈妈说：“幼儿园是小朋友们的，你们可以听听其他小朋友的建议。我把这个决定权交给你们！”

孩子们通过讨论，决定用表征的方法把想用于绘画的区域记录下来，并制作成展板摆放在幼儿园的大厅里。他们向路过的孩子介绍了自己的意图，如想在柱子上画画（见图1-1-10）、想在墙上画画（见图1-1-11）、想在大树上画画（见图1-1-12）、想在井盖上画画（见图1-1-13）等，同时路过的孩子也提出了自己的想法。

图 1-1-10

图 1-1-11

图 1-1-12

图 1-1-13

中 3 班子恒："我觉得不能在白白的墙面上画，因为画上去就擦不掉了。"

中 4 班鑫鑫："幼儿园里有好多井盖，可以找出来都画一画。"

小 2 班幕幕："我喜欢看哥哥姐姐画的画，画好了要带我去看看哦！"

……

在幼儿园里绘画的想法得到了大部分孩子的赞同，大班幼儿结合其他孩子提出的建议，对绘画场地进行了调整。

图 1-1-14

绘画游戏正式开始了，他们在玻璃墙、水缸、树干（见图 1-1-14）、井盖上或独自创作，或分工合作。在孩子们的努力下，一幅幅生动美丽的图画诞生了。

等画得差不多时，孩子们叫来幼儿园的其他小伙伴一起欣赏。孩子们像小导游一样介绍自己的作品。

（三）游戏后的放手

在游戏结束后，幼儿依旧会面临一些选择或决策，如作品是否展示、未完成的作品是否需要保存、游戏时间是否需要延长等。教师需要倾听幼儿的需求，真正成为幼儿游戏的支持者。

舞台保护计划（大班）

大班幼儿围绕"毕业典礼"进行了热烈的讨论。在谈到"你想在毕业典礼上做些什么？"时，潼潼、萱萱、涵涵等几个孩子说他们想表演《西游记》中"三打白骨精"的片段。积木游戏时间，他们共同商量舞台的样式，合作运用积木及其他辅助材料进行搭建。游戏结束时，他们的舞台已初见雏形。对于是否需要立即拆除舞台的问题，孩子们的意见不一致，教师鼓励他们自行讨论、协商。

萱萱：“搭得真好看，我不舍得拆，但这是体育运动场地，不拆除会影响其他小朋友运动。”

涵涵：“如果不拆，下次其他班级的小朋友在这里运动的空间就变小了。”

昊昊：“它在边上，我觉得没有影响。”

悦悦：“如果不拆，别的小朋友会不会破坏我们搭的东西呀？”

玥玥：“我知道了，可以做个围栏围起来，这样其他小朋友就不会破坏了。”

潼潼：“再做个标记会让人更清楚。”

经过一番讨论，孩子们最终达成一致意见：用围栏把舞台围起来，并贴一张警示牌提醒来这个场地活动的小朋友。

潼潼指挥萱萱、欣欣和涵涵说：“你们去搬一些小梯子放在旁边，再拿横杆来搭围栏。”她则和玥玥去旁边画警示牌，然后将警示牌贴了上去，说：“这样舞台就不会被破坏了。”（见图 1-1-15、图 1-1-16）

图 1-1-15

图 1-1-16

上述案例中，教师尊重幼儿的意愿，给予他们选择与做决策的权利，并鼓励他们围绕“到底要不要拆自己搭建的舞台？”展开讨论。从孩子们的语言表达中，我们可以看出他们的协商意识非常强，他们在爱护自己作品的同时也有意识地为他人着想，努力维护公共环境中的秩序感。

第二节 如何放手

游戏是幼儿学习的重要途径，要让幼儿在“真”游戏中收获与成长，教师必须做到放手。如果说放手游戏是一种理念，那么如何放手就需要教师在实践中不断地进行探索。

一、创设开放的游戏空间

减少对游戏空间的控制，让环境更好地支持幼儿的学习与探索，是教师放手游戏时需要做的第一步。游戏空间应该是多元的、整合的、留白的。

（一）从固定转向多元

不论是室内还是室外都应去除原本的区域标记，如“美工区”“阅读区”等，方便幼儿根据游戏需要灵活地利用材料和区域空间，从而实现游戏场地功能的多元化和最大化（见图 1-2-1）。

图 1-2-1

（二）从单一转向整合

教师应转变区域的单一化设置（见图 1-2-2），更加注重区域内容的有机整合（见图 1-2-3），如将生活体验与图书阅读相整合、将科学探究与动物养育相整合，从而实现区域功能的组合性与丰富性。

图 1-2-2

图 1-2-3

（三）从布满转向留白

教师不再将区域空间布满，而是适当留白，给予幼儿自由利用区域空间和场地的机会，满足幼儿自主游戏的意愿。

二、提供低结构游戏材料

在投放材料方面，教师也要学会放手，为幼儿提供具有低结构性、高开放性和强支持性的材料。

（一）去除固定玩法

保证材料的低结构甚至无结构，是教师放手幼儿游戏的重要基础。投放多样的低结构材料，尤其是自然化、生活化的低结构材料，是引发幼儿深度游戏的关键，可以给予幼儿更多探索、想象和创造的空间。需要注意的是，在投放低结构材料时，教师不应对材料的使用方法进行预设，以免低结构材料的价值得不到发挥。

创意玩纸筒（中班）

最近，中班幼儿收集了各种各样的纸筒。“快看，我的小火车！”萧萧指着排成一排的纸筒说。然后，他开始数车厢的数量：“1，2，3……8，9。”他在车厢两侧分别放了一些麻将牌，开心地介绍道：“这是火车的轨道。”

图 1-2-4

一会儿，他又去材料区拿来小球，与纸筒结合，玩起了滚球的游戏。可是，小球滚到一半就停了下来。于是，萧萧在起始部分尝试用麻将牌垫高，同时在火车头下面垫了竹片，小球顺利地滚了下去。后来，萧萧又尝试滚动了乒乓球、弹弹球等（见图 1-2-4）。

上述案例中，幼儿打破了纸筒、麻将牌等材料的常规用途与功能，玩法更加多样，并在与纸筒、麻将牌等材料互动的过程中习得了多种知识和能力。他将纸筒连接成“小火车”，通过点数了解了车厢的长度，锻炼了数数能力；在小车厢两边，他将麻将牌相对而放，感受着对称的意义；在探索小球滚动的过程中，他逐层增加高度以观察小球滚动的距离，更加清晰地感知坡度与小球滚动距离的关系；他使用不同大小、材质的球多次进行试验，感受不同球的运动。在整个探究过程中，他的分析力、判断力和问题解决能力都得到了提升。

（二）去除年龄界限

在投放低结构游戏材料时，教师需要去除年龄界限，即对于同一种游戏材料，每个年龄段的幼儿都可以使用。不同年龄段的幼儿和游戏材料互动的水平，与他们对游戏材料的熟悉程度、玩的时间、探究的内容有关。幼儿对游戏材料越熟悉，游戏玩法就越多样。

去除年龄界限有助于教师更加清楚地了解幼儿的年龄特点和个体差异。当给予不同年龄段的幼儿探究同一种游戏材料（如纸杯）的机会时，教师可以观察他们是如何与材料互动的，进而了解不同年龄段幼儿的发展水平。例如：小班幼儿会将纸杯叠高（见图 1–2–5）、将纸杯绕着身体摆放（见图 1–2–6）；中班幼儿会用纸杯拼摆蝴蝶（见图 1–2–7）；大班幼儿会让乒乓球过“纸杯桥”（见图 1–2–8）；等等。

图 1–2–5

图 1–2–6

图 1–2–7

图 1–2–8

实际上，即使是同一年龄段的幼儿，他们的发展水平也不一样，有些幼儿的发展水平完全超出了教师预设的发展“天花板”。例如，有的小班幼儿积木建构能力突出，不仅超越了同年龄段的幼儿，甚至超越了中、大班幼儿的发展水平。因此，教师要打破对幼儿年龄发展特点的固有认知，注重了解幼儿个体的发展节奏。

（三）去除固定主题

教师一旦设定了游戏主题，就会控制幼儿开展相应主题的活动。在这种情况下，幼儿的学习是被动的。当教师去除游戏主题时，这恰恰给予了幼儿更多自主探索和创新的空间，让幼儿可以根据自己的兴趣、需要和经验水平创造性地使用材料，自己生成游戏主题。由于主题是由幼儿发起和主导的，因此他们具有很强的主动性和掌控感，会不断地推动主题生长并获得连续的经验。例如，在积木建构区，幼儿自主选择玩斜坡游戏，他们的游戏最初可能是简单的、浅层的，但随着探索的持续进行，他们在原有经验的基础上不断创造：从单层轨道到多层轨道，从单向轨道到双向轨道、转弯轨道，从无机关设置到多机关设置等。幼儿探索的斜坡游戏达 30 多种。

好玩的积木游戏（大班）

以往的户外游戏时间，当幼儿来到搭建积木的场地时，教师往往会跟他们讨论建构游戏的主题，如今天计划搭什么，怎样搭得高、搭得稳。但是，当教师不再设定游戏主题，不再限制游戏玩法时，幼儿又会有哪些精彩的表现呢？

小妍和多多搬来许多长条积木，小妍说："多多，我们今天搭一座高高的塔吧！"于是，多多将六个圆柱体积木围合搭了一座塔，然后用横竖交替叠放的方式往上垒高，小妍则小心地调整长条积木的两端，保证它能稳稳地放在圆柱体积木上面（见图 1–2–9）。

晨晨和小毅选择了新投放的器材——轮胎。晨晨说："我觉得可以把这个当作车子的轮子，我们来做一辆车吧。"晨晨搬来了长条木板，试图将木板与轮胎的横杆咬合到一起。小毅说："我来抬高，你把轮胎滚到缝里。"他们两个合作搭建了车子的底部。小毅又搬来长纸筒说："我们来做大炮吧！"当纸筒不停地往下滑落时，小毅尝试在纸筒下面垫一块积木，并将一块中空积木挡在纸筒前面（见图 1–2–10），说：“这样炮筒就不会滚下来了。”他又搬来一些积木说：“我们可以在这里搭张餐桌。”晨晨说：“我们还可以做一些好吃的。”于是，积木又成了他们游戏中的寿司和蛋糕。

图 1–2–9

图 1–2–10

译译和铖铖用鞍马、长木板、U 形板与其他积木组合搭建了一条轨道，他们随后拿来了乒乓球、木球、海洋球等，探索不同的小球在轨道上能否顺利地滚到终点（见图 1–2–11）。

皓皓和小贤则在玩平衡游戏。他们在搭建的积木天平的一头放了两块中空积木，在另一头放了一块中空积木和一块小长方形积木。小贤说：“这下一样重了。”皓皓弯下头看了一眼，说：“好像还有点不平衡。”随后，他拿来一个塑料小球放在了天平的中间，观察小球滚动的方向（见图 1–2–12）。教师问皓皓：“你在做什么？”皓皓说：“我想看看，当把小球放在那里时，它会不会滚动。

图 1–2–11

图 1–2–12

如果小球滚到一头，就代表那边重！”

在自由、自主、愉悦、创造的游戏氛围中，当积木搭建不局限于某一固定的游戏主题时，幼儿就有了更多主动权，游戏探索更开放，呈现的内容更多元，游戏思维更创新。当教师放手游戏时，我们看到幼儿的学习在不断地发生和深化，每一个幼儿都是鲜活灵动的探索者，每一个幼儿都闪耀着智慧的光芒、演绎着别样的精彩。

三、保证充足的游戏时间

充足的游戏时间和较高的游戏频率，能确保幼儿在一段时间里充分地与材料互动，通过持续地动手探究、想象等进行深度学习。因此，教师应鼓励幼儿自由选择游戏时间、充分利用碎片化时间进行探索，并根据幼儿游戏开展的具体情况增加他们游戏的时间。

保证充足的游戏时间（大班）

大班很多幼儿对新投放的游戏材料——各种磁铁产生了浓厚的兴趣。在游戏中，他们使用磁铁进行不同的探索活动：有的幼儿用磁铁吸东西，有的幼儿探索磁铁之间的关系，有的幼儿在玩磁铁小车的游戏……在听到收拾材料的音乐声后，他们意犹未尽，不舍地拆着手中的材料，嘴里嘟囔着：“游戏时间太短了。”

听到幼儿的心声后，教师和他们围绕“还想用什么时间来玩磁铁？”这一问题进行了谈话。

乐乐：“早上来到幼儿园，我就可以玩磁铁了，我可以早一点来。”

玥玥：“吃完午饭，我可以再玩一会儿磁铁。”

皓皓：“在喝牛奶的时间，我先玩一会儿磁铁，再去喝牛奶，喝完牛奶还能玩一会儿。”

通过谈话，幼儿发现，原来他们还有这么多的自由游戏时间啊！就这样，幼儿利用碎片化的时间，不断扩充自己的游戏时间，持续地探究磁铁的特性（见图 1-2-13、图 1-2-14）。

图 1-2-13

图 1-2-14

一段时间后，幼儿的游戏经验越来越丰富，他们发现了磁铁同极相斥、异极相吸的特点，也发现了磁铁指南针的秘密。

以往游戏时间是有限的、相对固定的，所以当幼儿想深入地游戏时，他们往往因为游戏时间到了而被打断。当教师鼓励幼儿利用碎片化时间进行探索时，这不仅大大提高了幼儿对游戏时间的利用率，也为幼儿深化游戏提供了更大的可能性。

第二章

观察：发现了不起的幼儿

专家说

放手游戏以后，幼儿的想法和做法得到了全然的尊重和接纳，但在幼儿完全自主游戏的过程中，教师要么无所事事地旁观，要么贸然参与幼儿的游戏。当被要求观察幼儿的游戏时，教师对于观察什么和如何观察往往感到不知所措。在放手游戏之初，这一现象尤其普遍。

张家港市实验幼儿园联盟的教师们迅速调整了心态，他们的思考逻辑是："既然我们是因为相信幼儿的能力才放手的，那么我们首先应当以欣赏的眼光发现他们究竟有怎样的能力；既然我们放手是为了去除教师预设的玩法，那么我们就应当对幼儿究竟会不会自己玩、是怎样玩的感到好奇。"因此，带着欣赏的眼光和好奇心观察幼儿的游戏行为，就成为教师们最初观察的主要目的。结果，"欣赏"让教师学会了正面评价幼儿，总是看到幼儿能够怎么样，而不是不能怎么样；"好奇"让教师学会了敬畏幼儿，常常惊异于幼儿的创意玩法，反思自己预设的玩法远不及幼儿的玩法高明。

当教师学会以欣赏的眼光和好奇心观察幼儿的行为表现时，教师便有了许多发现：发现了幼儿的不一样——幼儿的表现与教师预期的不一样，幼儿之间的不一样，幼儿的现在与过去不一样；发现了幼儿学习的多样性——在探究中学习，在建构和拆解中学习，在装扮中学习，在运动中学习，在想象中学习等；发现了幼儿学习的整合性——幼儿的一个游戏行为、一次游戏过程、一段游戏经历中蕴含着多个领域的学习，从而减轻了教师分领域、分学科、分阶段设计活动的负担。

总之，以欣赏的眼光和好奇心观察幼儿的游戏，让教师发现了拥有无限创意的幼儿，发现了每个了不起的幼儿，教师的儿童观也因此发生了根本改变。一个完整儿童的形象，一个有自主学习能力和持续学习动力的学习者形象，在教师的心中确立起来。

（华东师范大学教授　华爱华）

放手游戏后，教师逐渐静下心来观察幼儿。作为教育工作者，教师在观察时不是随便看看，而是通过观察进一步了解幼儿。然而，很多教师对于观察什么以及怎样观察和记录常常感到迷茫和困惑，也很难真切地感受到观察幼儿的真正价值。

通过阅读本章，你将：

- 学会带着欣赏的眼光与好奇心观察幼儿；
- 掌握准确而有重点地记录幼儿行为的方法。

第一节 放手游戏后的观察与记录

观察是幼儿园教师的重要工作之一。2012 年教育部颁布的《幼儿园教师专业标准（试行）》明确指出："掌握观察、谈话、记录等了解幼儿的基本方法和教育心理学的基本原理和方法。"2022 年教育部颁布的《幼儿园保育教育质量评估指南》中的"师幼互动"这一关键指标明确提出，教师要"认真观察幼儿在各类活动中的行为表现并做必要记录"。

一、放手后如何观察幼儿的游戏

搭舰船（中班）

游戏时间，幼儿分组使用积木搭建舰船，其中一组幼儿正在讨论关于舰船甲板的拼搭问题。突然，由另一组幼儿搭建的炮台散落到地上，发出了很大的声音。教师上前观察，只见依依正在尝试解决炮台散架的问题，她改变了拼插方式，炮台变得稳固了。接着，教师又被一阵惊叹声吸引，原来明明用阿基米德积木搭建了一座高塔，比柜子还高，教师连忙将高塔拍了下来。

上述案例中，教师虽然在游戏现场观察、记录了幼儿的语言和动作，但似乎没有明确的观察目的，一直处于随机观察的状态。究其原因，是教师不知道在幼儿游戏的过程中观察什么。放手游戏后，教师可以带着欣赏的眼光与好奇心观察幼儿，发现他们的学习与发展。

（一）带着欣赏的眼光观察

放手游戏前，教师日常关心的通常是教学目标是否完成或者考核指标是否达成。教师很少关注幼儿的学习过程，特别是对幼儿个体寻常时刻的关注。放手游戏后，教师把注意力转移到幼儿身上，尊重并重视幼儿的已有经验。教师放下对幼儿抱有的各种期待以及脑海中的标签和偏见，以欣赏的眼光观察幼儿。

1. 观察幼儿如何进行探究

运送木箱（中班）

伊伊和几个小朋友想玩跳水的游戏，他们需要将小木箱叠放到大木箱的上方。他们先将小木箱搬到木板下方并侧放在木板上，然后半蹲身体，用力向前推动小木箱，但是小木箱纹丝不动。于是，他们将右脚往后退了一步，压低身体，双手再次向上推（见图 2-1-1），反倒使木板上移了。

小宝观察了一下木板，随即爬到大木箱上，双手用力向下按压木板并说："好了，我按住了，你们用力推。"（见图 2-1-2）天淇和小颖在下面弓着腰，双手抓住小木箱的底部，向上推动，小木箱终于向斜上方移动了一点儿。

图 2-1-1

图 2-1-2

上述案例中，在合作运送木箱的过程中，幼儿通过不断地调整自己身体的位置和角度，尝试激发身体的更多力量。最终，他们发现，下蹲和压低身体并推木箱的底部有助于移动木箱。

2. 观察幼儿如何调节自己的情绪

高铁桥梁的围栏（中班）

小朋友们在积木区讨论如何为高铁桥梁搭建围栏，多多和乐乐提出了各自的想法。元元同意乐乐的提议，于是她和乐乐一起拿起积木开始搭建，多多站在原地没有动，只是默默地低着头。这时，元元走过去问："多多，你怎么了？"多多眼中含着泪轻声说道："我有点难过，我想用我的方法搭建。"元元说："要不这样吧，我们用你和乐乐的方法一起搭建。"多多听后抬起头笑了起来，说："那我们一起来搭建围栏吧。"（见图 2-1-3）

图 2-1-3

上述案例中，多多通过动作和语言表达了自己的想法不被同伴接纳时的难过情绪。通过与元元交流，他的想法得到了认可，并在元元的帮助下调节了自己的情绪，重新加入游戏。

3. 观察幼儿如何建立同伴关系

你可以当我的病人吗？（小班）

浠浠在家庭区扮演护士，可她等了 10 分钟，始终没有病人。浠浠问同样在家庭区忙碌的毅毅："你在做什么？"

毅毅："我是厨师，我在做饭。"

浠浠："我是护士。"

毅毅："那我烧饭给护士吃。"（见图 2-1-4）

假装吃完饭后，浠浠说："我吃好了，你可以当我的病人吗？"

毅毅点点头，随后开始扮演病人。（见图 2-1-5）

图 2-1-4

图 2-1-5

尽管小班幼儿的游戏一般属于平行游戏，但是上述案例中，浠浠通过询问毅毅"你在做什么？"发起了互动，毅毅用"那我烧饭给护士吃"做出了回应。浠浠吃完饭后，通过询问毅毅"你可以当我的病人吗？"使双方的互动得以继续进行。由此可见，有些小班幼儿已经能够通过使用语言和交换角色来合作进行游戏了。

4. 观察幼儿如何解决冲突

一起照顾小宝宝（小班）

星星和花花在照顾小宝宝（玩偶）。星星把婴儿车推了出来，花花看到了，也想推婴儿车。俩人你争我抢，谁也不让谁（见图 2-1-6）。

星星说：“这是我先拿到的。”

花花不说话，用手紧紧抓住婴儿车的把手。

星星想了想，说：“我们一起照顾小宝宝，你去烧饭，我来推车。”花花点点头。

随后，两人将烧好的“饭”你一勺我一勺地喂给宝宝吃（见图 2-1-7）。

图 2-1-6

图 2-1-7

上述案例中，幼儿因为婴儿车发生了冲突，并通过分工合作解决了冲突。由此可见，小班幼儿也能在游戏中尝试自己想办法解决问题。

埃菲尔铁塔的平台（大班）

豆豆和小雨正在积木区搭建埃菲尔铁塔的平台。小雨采用的方法是将小三角积木作为立柱，在上面放一个双倍块积木作为平台（见图 2-1-8），但是双倍块积木放上去后倒塌了 2 次。豆豆采用的方法是将小三角积木撤下，直接将四倍块积木平铺作为平台（见图 2-1-9）。

小雨说：“我还是觉得把双倍块积木放上去好，因为铁塔的平台是斜着的，上窄下宽。”豆豆说：“用你的方法搭建的平台不稳固，铁塔有 3 层平台，最下面的平台是最大的，所以第一层可以是四倍块积木，第二层是双倍块积木，最上面应该有一个基本块做避雷针。”豆豆说出想法后用手晃了晃已经搭建好的平台，对小雨说："你看，用四倍块积木搭建的平台很稳固。"小雨点点头，接受了豆豆的想法。

图 2-1-8

图 2-1-9

上述案例中，对于如何为埃菲尔铁塔搭建平台，两个幼儿产生了分歧。面对意见不一致的情况，他们通过尝试不同的搭建方法来验证各自的想法，并协商解决了冲突。

5. 观察幼儿如何发现和解决问题

双斜坡轨道（中班）

巧巧正在体育垫上探究如何让小球滚动，她想抬高垫子以形成斜坡，让小球自己滚下来。于是，她对欢欢说："把它变成一个斜坡。"接着，他们在木板斜坡下面搭建了垫子斜坡，开启了在双斜坡轨道上滚球的游戏。

第二天，巧巧和同伴又玩同样的游戏。他们快速搭建好轨道，然后把轮胎竖放，作为球门。"这样更刺激。"说完，巧巧爬上梯子将球放在木板的最高处，让球自然滚落。但小球滚到一半，就从木板上掉下去了。"要给它加个围栏。"欢欢说。说完，他们尝试用交通锥、木桩、呼啦圈等材料搭建"围栏"，然后把球放上去滚动，但球还是会撞倒"围栏"并滚出轨道。于是，欢欢又搬来两架梯子，放在长板的两侧。巧巧再次发球（见图 2-1-10），这次小球成功地滚到了轮胎里。

图 2-1-10

上述案例中，幼儿灵活地使用多种材料组合搭建双斜坡轨道。当球不断地从木板上掉落时，幼儿尝试用各种材料为斜坡添加围栏，不断地探索哪一种材料能够有效地阻挡球在中途滚落，这一过程体现了幼儿发现问题和分析问题的能力。当交通锥、木桩和呼啦圈都阻挡无效时，幼儿继续采用梯子尝试，这体现了幼儿在游戏中具有较强的坚持性。幼儿打破了将梯子平行放置或垂直放置的固定模式，选择将梯子侧放，这体现了他们解决问题时思维的灵活性。

6. 观察幼儿如何进行想象和冒险

梯子“加分器”（中班）

户外滑索区，名名说：“你们这个游戏太简单了，我来设置一个关卡，你们敢不敢接受挑战？”说完，他把四架梯子组合成“加分器”（见图 2-1-11）。

然后，他对身边的森森说：“手抓滑索，当到达‘加分器’时，两只脚跳到这中间，就加 100 分。”（见图 2-1-12）名名先进行尝试，但并未到达“加分器”的中间。名名再一次调整“加分器”的位置，说：“我要加大难度啦！”他还对森森说：“到达‘加分器’时要松手，双脚站稳才能赢得 100 分。”

图 2-1-11

图 2-1-12

上述案例中，幼儿先将梯子组合成“加分器”，并通过不断调整“加分器”的位置和游戏规则来提高游戏难度，这充分体现了幼儿的想象力和敢于冒险的精神。个别幼儿即使因为滑索速度较快，到达“加分器”时不敢放手，但是在同伴的鼓励下，也愿意接受挑战、尝试冒险。

7. 观察幼儿如何用动作、图画和符号进行表征

看病（中班）

游戏时间，小小扮演医生，正在制作带有号码的挂号纸。这时，南南带着宝宝（玩偶）来到小小身旁，小小一边询问病情一边低头在纸上通过绘画的方式进行记录（图 2-1-13）。

图 2-1-13

“你画的是什么呀？”南南问。

“宝宝在咳嗽，这是咳出来的细菌。”小小说。

南南着急地问：“那怎么办呢？”

小小回答：“我先给他配一点治疗咳嗽的药水和药片，一天吃 3 次。”

南南带着宝宝去小药房拿药了。

过了一会儿，南南又回来了，说：

“医生，你的药没有用，我的宝宝咳得更厉害了。”

“那我让护士给他打点滴吧！”小小回答道。

游戏后，小小对自己的游戏过程进行了记录（见图 2-1-14）。

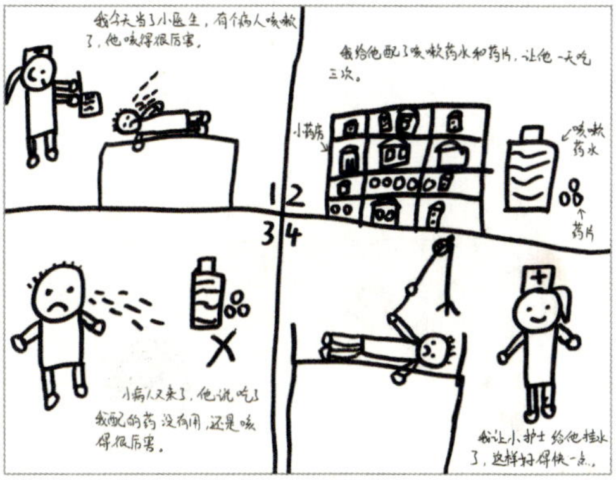

图 2-1-14

上述案例中，幼儿在对游戏过程进行表征时，用数字“1，2，3，4”代表游戏的先后顺序，用短线条代表病人咳出的细菌，用小圆圈代表药片，用交叉的线条表示吃药没有用。这充分表明，幼儿能够运用图画和符号表征自己的游戏过程。

（二）带着好奇心观察

“观”即“看”，“察”即“追究”，观察幼儿意味着教师要用好奇的眼光看待幼儿，去发现幼儿那些超出教师预期的行为背后的原因，从而更好地理解幼儿。在观察过程中，教师需要放下自己的预期，以空杯的心态去观察，才能对幼儿游戏中发生的一切感到好奇。

1. 观察幼儿在探究什么

镂空的船身（大班）

苒苒和欣欣正在用双倍块积木搭建镂空的船身，在把船身的一侧搭建完成后，她们又用大圆柱积木堵住了第五层和第六层船身的缝隙（见图 2-1-15）。看到这一幕，教师想：她们在探究什么呢？为什么要用大圆柱积木堵住镂空部分，是为了装饰船身吗？

于是，教师问两个孩子：“你们为什么要把大圆柱积木搭在这里？”苒苒说：“我们用大圆柱积木堵住这里，这样风浪来的时候，海水就不会灌进船舱了。”原来苒苒和欣欣正在尝试搭建可调节的镂空船身，保证暴风雨来临时船身不漏水。

图 2-1-15

上述案例中，教师刚开始以为幼儿只是在对船身进行随意地装饰，但是通过倾听，教师了解到原来幼儿在建构过程中创编出船只在风浪中行进的情节，进而探究如何阻挡水的问题。

2. 观察幼儿遇到了什么问题、是如何解决的

多米诺机关（大班）

小悦在多米诺积木前设计了一个“机关”，设想一推倒它，多米诺积木就会全部倒塌。可是在推倒“机关”时，多米诺积木并未倒下，小悦马上走上前蹲下，用一只手扶住第三层的第一块多米诺积木，用另一只手将第二层的第一块多米诺积木往外倾斜了一点（见图 2-1-16）。

图 2-1-16

上述案例中，幼儿的设想没能实现，她通过观察发现多米诺积木的摆放角度有问题，于是第一时间进行了调整，化解了建构中遇到的难题。

3. 观察幼儿在验证什么想法

长尾巴纸飞机（中班）

幼儿在之前的活动中已经认识了外形独特、带着长尾巴的纸飞机，婷婷说："是不是装了小尾巴，飞机就能飞得更远呢？"于是，她也给自己的纸飞机制作了一条细长的尾巴（见图 2-1-17），说："我做的是小蛇的尾巴。"

图 2-1-17

婷婷试飞了一下改造后的飞机（见图 2-1-18），说："装了尾巴后，飞机飞得更远了，飞的时候还会拖着尾巴上下摇动。"

图 2-1-18

上述案例中，幼儿验证了“装了尾巴的纸飞机飞得更远”的想法。幼儿在尝试后发现，纸飞机的外形、飞行速度、转弯情况等都会影响纸飞机飞行的距离。

4. 观察幼儿在表达什么

新南湖（大班）

游戏分享环节，小涵介绍了自己的表征作品（见图 2-1-19），她说：“我在积木区和帆帆、希希、驰驰一起搭建了新南湖。昨天我们搭了 2 座亭子，今天搭了启泰桥和另外 2 座亭子。”

教师问：“我看到你在第四格画了一个难过的表情，这是为什么呀？”（见图 2-1-20）

小涵回答道：“因为驰驰把我们好不容易搭好的桥弄倒了，我很生气。”

图 2-1-19

图 2-1-20

上述案例中，幼儿通过绘画、口头语言等方式表达了自己在游戏过程中的想法和情绪。教师通过观察与倾听，实现了与幼儿的同频共振。

5. 观察幼儿为什么会出现重复行为

公路（中班）

涵涵和柠柠在玩具区用纸杯和纸板搭建公路。涵涵将4个纸杯倒扣，均匀地放在四个角上，再在上面加盖了一块纸板，之后重复同样的模式，使其连接成一条路。

连续观察了一周以后，教师听到她拿着纸杯数“1”“1，2”“1，2，3”……原来她使用纸杯的数量开始发生了变化，她由最初用一个纸杯支撑纸板，变成现在将纸杯有规律地递增垒高，使原本平坦的公路出现了斜坡（见图2-1-21）。“你看，这是一个地下室，我们可以把它作为地下停车场。”她介绍道。

图 2-1-21

上述案例中，教师起初认为幼儿每天只是在重复地玩纸杯游戏，但是仔细观察后发现，幼儿的行为并不是单纯地重复，而是有变化的。当纸杯路渐渐变成纸杯斜坡时，幼儿的经验也在不断重复中得到了提升。

6. 观察幼儿为什么“无所事事”

我是小警察（大班）

游戏时间，小泽扮演小警察，先去了小卖铺和野餐场地，然后绕着桌子来来回回地走了两圈（见图 2–1–22），最后站在了活动室的中间。教师对小泽为什么一直在绕圈很好奇，直到小泽嘴里嘟囔了一句“今天我们班没有小偷”，教师才恍然大悟：原来小泽的“无所事事”、四处乱转是为了捉拿小偷。

图 2–1–22

上述案例中，教师耐心观察后才明白，幼儿通过想象创设了警察寻找小偷的游戏情境。因此，幼儿的四处转悠并非无所事事，而是沉浸在游戏情境中自然发生的游戏行为。

7. 观察幼儿为什么拒绝伙伴加入游戏

计划里没有你（大班）

游戏时间，扮演妈妈的芯芯抱着两名宝宝（玩偶）去找扮演医生的灵灵看病。这时，一旁的妍妍拿起听诊器，想给宝宝看病。芯芯摇摇头说："今天我们的游戏计划里没有你，你不能给我的宝宝看病。"随后，芯芯走到扮演医生的灵灵身边坐下（见图 2-1-23）。

图 2-1-23

上述案例中，芯芯之所以拒绝妍妍加入她们的游戏，并非因为她不具备分享、合作等亲社会行为，而是因为她在遵守跟同伴一起制订的游戏计划。

8. 观察幼儿为什么"捣乱"

借梯子（小班）

户外游戏时间，丁丁和洋洋先将三架一字梯首尾相连成一条直线当作桥（见图 2-1-24），接着他们双脚踩在梯子的两边，慢慢地往前走（见图 2-1-25）。

图 2-1-24

玩了一会儿后，丁丁将其中一架梯子拿走了。洋洋说："不能拿走，涵涵还要玩。"丁丁听后没有说话，还是执意拿着梯子往前走，其他两个小朋友却想把梯子留下来，于是出现了争抢行为。

图 2-1-25

洋洋大声喊道："老师，丁丁一直在捣乱。"教师走过来问丁丁："你要拿梯子做什么啊？"丁丁指着前面在玩木箱的小朋友，说："我觉得他们那边需要这架梯子才能爬下来。"

上述案例中，丁丁执意拿走一字梯的行为看似在"捣乱"，实际上是想帮助游戏中的其他幼儿。

二、放手后如何记录幼儿的游戏

放手游戏后，教师遇到的另一个难题是如何记录幼儿的行为。教师可以先将拍摄的视频存档，然后通过重温视频，选择将有价值的游戏内容转为文字记录。教师应尽量避免记录的内容过于笼统、主观和零散等。

（一）如何让记录从笼统到具体

滚筒（中班）

户外游戏开始了，孩子们三三两两地聚在一起玩滚筒。一旁的岳岳专注于站上滚筒，他尝试了无数次均以失败告终。他自言自语道："滚筒总是滚来滚去的，真是不听话。"但他还是不厌其烦地一遍遍尝试着，终于，他把滚筒滚到了墙边，借助于墙的力量站到了滚筒上。

上述案例中反复出现了"尝试"一词，但是教师没有记录幼儿尝试时的具体动作、姿势、表情、语言等信息。因此，这一记录很难充分反映幼儿如何控制身体、如何一次次地努力解决问题，以及不断克服困难时的韧性和情绪调节能力。在对幼儿的游戏进行记录时，教师应细致地记录幼儿在游戏中的关键动作、语言和表情等。只有这样做，教师才能更好地解读幼儿真实的发展水平，并真正发现游戏对幼儿发展的重要价值。

针对上述案例中游戏记录过于笼统的问题，表 2.1 给出了修改建议。

表 2.1

案例	修改建议
一旁的岳岳专注于站上滚筒，他尝试了无数次均以失败告终。	幼儿做了哪些尝试，每次尝试时的身体动作、姿势和表情是怎样的（配上幼儿进行不同尝试时的照片）。
他自言自语道："滚筒总是滚来滚去的，真是不听话。"但他还是不厌其烦地一遍遍尝试着。	幼儿尝试了几次，每一次尝试时使用了哪些新方法、效果如何、情绪怎样（配上幼儿继续尝试的照片）。
终于，他把滚筒滚到了墙边，借助于墙的力量站到了滚筒上。	记录幼儿终于站到滚筒上的动作、神态和语言（配上幼儿站到滚筒上的照片）。

（二）如何让记录从主观到客观

搭轨道（大班）

室内游戏时间，一一、文文和云云在活动室中间用网片搭建立体架，玩轨道游戏。一一和云云用燕尾夹把网片固定在一起并围起来。大网片用完了，怎么盖顶呢？一一是一个思维活跃的孩子，她说："将中网片放在最顶部，铺满就好了。"大家为一一的想法竖起大拇指。随后，他们将不同大小的网片覆盖在最上面，封住了网片架的最顶端。

上述案例中，教师评价"一一是一个思维活跃的孩子"，这表明教师对幼儿的记录存在主观判断的问题。在幼儿游戏过程中，教师应对他们进行客观、清晰、准确、具体的记录。为了不受先前经验的影响，教师可以采用白描的语言进行记录。白描的语言强调直接描述事物，对幼儿游戏现场的记录既无增减，也无主观猜测，不加入观察者的解释性评价，而是真实地还原现场。

针对上述案例中游戏记录过于主观的问题，表 2.2 给出了修改建议。

表 2.2

案例	修改建议
一一是一个思维活跃的孩子，她说："将中网片放在最顶部，铺满就好了。"	对主观论述"一一是一个思维活跃的孩子"进行调整。
随后，他们将不同大小的网片覆盖在最上面，封住了网片架的最顶端。	对幼儿的行为描写得不够细致，如应具体描写不同大小的网片是怎么覆盖在最上面的。

（三）如何让记录从零散到聚焦

户外游戏（大班）

游戏开始了，桐桐和西西把木箱拼接起来进行跨跳游戏，随后西西将不同大小的木箱间隔一定距离放置，开始跨越。沫沫和瑶瑶在彩色的滚筒里玩起了捉迷藏游戏，沫沫将滚筒横放在地上，自己钻进去滚了起来。晨晨和然然拉来足球筐要搭建一条轨道，他们尝试了三次。第一次尝试时，球从木板的中间掉下去了；第二次尝试时，球沿着木板的轨道顺利滚下，但卡在了木板和木箱的接口处；第三次尝试时，晨晨调整了好一会儿。"终于成功了！"晨晨和然然看着进洞的球欢呼起来。

在记录幼儿的游戏时，教师要避免流水账似的记录，也要避免把零散的记录拼凑成一个游戏活动观察记录。无论是聚焦于幼儿个体的游戏行为还是幼儿群体的游戏行为，仅仅概括性地描述都是不够的，教师还要记录幼儿游戏发生的背景和幼儿游戏的行为细节，特别是要关注幼儿的关键动作、表情、语言、解决问题的策略以及行动的结果，从而尽可能地还原游戏中幼儿的具体行为表现，为后续解读幼儿的游戏行为提供充足的信息。

针对上述案例中游戏记录过于零散和笼统的问题，表 2.3 给出了修改建议。

表 2.3

案例	修改建议
游戏开始了，桐桐和西西把木箱拼接起来进行跨跳游戏；沫沫和瑶瑶在彩色的滚筒里玩起了捉迷藏游戏；晨晨和然然拉来足球筐要搭建一条轨道，他们尝试了三次。 第一次尝试时，球从木板的中间掉下去了。	教师需要确定观察重点：观察哪一个或哪几个幼儿？比如，重点观察晨晨和然然在尝试的过程中使用了什么材料，是如何组合轨道的，是怎么想的，说了什么（配上幼儿尝试的照片）。
第二次尝试时，球沿着木板的轨道顺利滚下，但卡在了木板和木箱的接口处。	当球从木板的中间掉下去时，幼儿是怎么做的、怎样控制球的、幼儿之间是如何交流的（配上幼儿重新调整木板的照片）。
第三次尝试时，晨晨调整了好一会儿。“终于成功了！”晨晨和然然看着进洞的球欢呼起来。	当球卡在木板和木箱的接口处时，幼儿做了哪些调整，他的情绪、状态如何（配上幼儿进行多次调整的照片）。

第二节　发现不一样的幼儿

放手游戏后，教师给予幼儿自由选择、自主游戏的机会。教师不再贸然干扰或随意介入幼儿的游戏，而是以观察者的身份持续陪伴幼儿。通过观察幼儿，教师发现幼儿的表现与自己预期的不一样，幼儿之间的不一样，以及幼儿的现在与过去不一样。当教师为幼儿的游戏提供了充足的物理空间和心理空间后，幼儿在游戏中自发、自主的学习也呈现出多样性。

一、发现幼儿的不一样

放手游戏后，教师把游戏的自主权还给幼儿，带着对幼儿的欣赏和好奇心去观察幼儿的行为，了解幼儿的兴趣和需要，理解幼儿的情感体验和探索发现。教师看到幼儿在游戏中的表现比自己想象的更加丰富，于是用更开放的眼光看待幼儿的成长过程，从而走进幼儿的内心世界。

（一）发现幼儿的表现与教师预期的不一样

长颈鹿轨道（中班）

小优和奇奇计划用阿基米德积木搭建可以转弯的轨道。搭建开始后，小优发现，由于总是控制不好弯道处支柱与支柱之间的距离，弯道总是倒塌。尝试几次后，他们便将弯道处的积木拆除，改为上下起伏的“小山丘”（见图 2-2-1）。

图 2-2-1

轨道搭建完成后，他们开始在轨道上玩滚球的游戏。小优发现，小球在滚动过程中总是从第二个与第三个支柱所支撑的轨道中间的缝隙掉下去。他从支柱下面捡起小球，自言自语道："怎么回事呢？"接着，他又看了看支柱顶部。随后他将支柱的顶部铺平，再放上2块积木作为"围栏"，又试了一次。这次，小球顺利地沿着轨道向前滚动。接着，他们将6个支柱的顶部全部变成由4块积木平铺的平面并在两侧加了"围栏"，最终小球成功地从轨道的起点滚到终点（见图2–2–2）。他们将轨道命名为"长颈鹿轨道"。

图2–2–2

上述案例中，两名幼儿计划搭建可以拐弯的轨道。教师预期中的拐弯轨道可能是圆形、弧形、蛇形的，然而当幼儿在搭建过程中反复遇到困难时，他们改为搭建"小山丘"一样高低起伏的轨道。随后，当幼儿发现支柱上作为轨道的两根积木间距过宽，导致小球从中间的缝隙掉落时，他们增加了支柱上轨道的积木数量，将其改为平台并安装上"围栏"以阻止小球掉落，这完全超出了教师的预期，教师原以为幼儿可能会用手向内推积木，将它们之间的距离变窄。

教师通过观察发现，幼儿的表现和自己预期的不一样，他们具有独立思考、合作解决问题的能力。由此，教师可以消除内心的顾虑，放下期待，更单纯地带着好奇心去发现幼儿在游戏中的各种新发明和新创造。

（二）发现幼儿之间的不一样

飞檐的诞生（大班）

陌陌和彤彤正在积木区搭建六角凉亭的飞檐。陌陌把四倍块积木放在六边形梁的角上（见图 2–2–3），彤彤一边用嘴巴发出“扑通”的声音，一边将身体向右倒。

图 2–2–3

陌陌用一只手压着四倍块积木，笑着说：“没有掉啊，你看，没有掉呀。”

“你走了它就会掉，怎么办？”彤彤又向右倒了一下。

陌陌移动了一下四倍块积木，然后慢慢地松手说：“你看，这样就不掉了。”

彤彤把双倍块积木放在延伸出去的飞檐处说：“把积木放在这儿，扑通。”她边说边用手做出倒下的动作。

陌陌说：“那我们用积木把它压住。”

彤彤把手里的双倍块积木压在了四倍块积木上（见图 2–2–4），说：“我们用这个看看能不能压住。”还没等她说完，建筑的另一端就翘了起来。

图 2-2-4

陌陌说："我们需要一个长一点的积木"。

彤彤回应道："用四倍块积木。"

陌陌拿来了四倍块积木，将它放在飞檐上。刚放完，彤彤就把双倍块积木拿来横着放在飞檐处试了试，笑着说："很好"。

陌陌说："我们就用这个四倍块积木。"

接着，彤彤从积木柜上拿来一个大曲面积木，说："我们看看这个能不能撑住。"

当她把大曲面积木放在飞檐上时，飞檐没有掉。见状，彤彤笑着说："可以撑住。"

以往，教师常常以平均标准要求所有幼儿，现在教师更多地通过观察来发现每个幼儿具有不一样的发展特点。上述案例中，两名幼儿在积木游戏中所表现出来的观察、思考、判断和解决问题的能力有着明显的差异。彤彤的搭建经验相对丰富一些，她知道当把四倍块积木放在六边形角上时，它可能掉落。从她提出的问题与进行的尝试可以看出，她对飞檐的下一步搭建是有计划、有目的的。此外，彤彤对积木的形状和飞檐翘角的观察也更为仔细，她准确地掌握了翘角的外形特征，从而选择了与之形似的大曲面积木来搭建。

（三）发现幼儿的现在与过去不一样

能自动发射的炮弹（大班）

几个幼儿正在搭建可以发射炮弹的坦克，忱忱先将坦克顶部拆除，搭建了一个空心的炮筒，并向同伴演示了如何将炮弹发射出去。在调整完炮筒后，小溢将四倍块积木伸进坦克里一推（见图 2-2-5），炮弹就从坦克里冲了出来。玩了一会儿后，小羽说："趴着用四倍块积木打炮弹太累了，为什么不搭建可以自动发射炮弹的坦克呢？"

图 2-2-5

改天的游戏时间，他们再次改造炮筒。小羽提出在炮筒中搭建一个斜坡，这样炮弹被放上去后就能自动发射出去了。忱忱和小羽先试了斜坡积木，发现不行，又将其换成了三角形积木，但是炮弹发射的力度还是不够。最后，忱忱将小圆柱炮弹换成了大圆柱炮弹，同时加宽了炮筒。最终通过多次调整和尝试，他们完成了坦克炮筒的改造，也实现了坦克能够自动发射炮弹的想法。

上述案例中，幼儿将实心炮筒改为空心炮筒，用手推动积木炮弹，将其发射出去。为了让游戏变得更轻松，幼儿决定将炮弹的发射方式从手动改成自动。

他们通过探究发现，圆柱积木在斜坡与平面上的滚动方式不同，斜坡能够帮助他们实现自动发射炮弹的想法。他们尝试在炮筒里搭建不同高度与宽度的斜坡，经过多次调整，坦克的造型与之前大不相同，炮筒的功能也得到了改进。这个游戏历时两周，与过去相比，他们的经验得到了全面的提升。

二、发现幼儿学习的多样性

幼儿的发展状况、学习内容、学习情境、学习任务和学习要求具有多样性，幼儿的学习方式也是多样的。不同的学习方式，使幼儿逐渐成为有自主学习能力和持续学习动力的学习者。

（一）幼儿在探究中学习

幼儿的探究是一种伴随着好奇心，具有目标指向性，外部行动和内部思维同时展开的过程。幼儿探究的过程也是他们一次次提出假设、验证假设和尝试解决问题的过程。

坦克炮管（中班）

宣宣和小伙伴一起用积木搭建坦克，在搭建最上面的坦克炮管时，延伸出去的炮管由于太重总是掉落。他们尝试通过将积木交错叠放、并列串联、插孔连接的方式稳固炮管（见图 2-2-6、图 2-2-7），在不断地探究与试错中发现增加尾部重量可以使炮管保持平衡，最终找到了最佳搭建方法。

图 2-2-6

图 2-2-7

（二）幼儿在建构和拆解中学习

建构游戏是幼儿利用各种材料进行组合、创造的活动，操作性强。幼儿在反复建构和拆解的过程中积累相关知识和经验，培养自己的创造力、想象力、动手操作能力和问题解决能力。

拆装软管（小班）

香香将不同颜色的软管弯曲，并将两头连接起来，使软管变为圈状。她把两个橙色的圈直接塞入蓝色的圈中（见图 2–2–8），发现橙色的圈掉了。于是，她拆开了所有圈，重新进行探索。这一次她改变了穿插连接的方式，利用环环相扣的方法连接了更多的圈（见图 2–2–9）。

图 2–2–8

图 2–2–9

船舱的“T”字形窗户（大班）

恺恺和小雨正在建构区搭建大船，他们用四倍块积木搭建了船舱部分。之后，小雨在船舱镂空的一面用小方柱积木和大方柱积木横竖交错成“T”字形放置，搭建船舱的窗户（见图 2–2–10）。恺恺在另一面模仿小雨的样子，也搭建了“T”字形窗户（见图 2–2–11）。

图 2-2-10

图 2-2-11

（三）幼儿在装扮中学习

幼儿的装扮活动往往与角色游戏、表演游戏同时进行，幼儿穿着具有一定角色指向性的服饰，利用各类材料扮演相关的角色。在装扮的过程中，幼儿不断增强对角色的认识和认同感，丰富自己的生活经验，同时他们的象征性思维能力得到了提高。

面馆开业啦（大班）

在面馆游戏中，辰辰、琪琪和阳阳穿着不同的服饰，分别扮演收银员、服务员和厨师的角色。小顾客航航先来到收银处找辰辰点单，然后找到空座位坐下等待上菜。阳阳在厨房制作面条（见图 2-2-12），他将黏土和拉菲草分别当作面条和青菜，搅拌到一起。之后，服务员琪琪将面条端给航航（见图 2-2-13）。

图 2-2-12

图 2-2-13

（四）幼儿在运动中学习

运动游戏是幼儿调动全身感官共同参与，充分发挥运动力、想象力、创造力和冒险精神的一种活动方式。在运动中，幼儿的思维、认知、行动自由，不断产生新思考、新想法。

“跳台”比赛（中班）

天天和小伙伴利用两架人字梯、一块长木板搭建了一座高高的“跳台”，之后玩起了“跳台”游戏。他们站上木板，双腿并拢弯曲往下跳（见图 2-2-14）。有的幼儿跳下后直接跑到最前面，有的幼儿跳下后直接爬到最前面，还有的幼儿跳下后直接滚到最前面。接下来，他们又决定跳下后向前快速爬至终点。就这样，幼儿再次站上“跳台”进行挑战。

图 2-2-14

（五）幼儿在想象中学习

想象是一种认知过程，表现为创造性的心智活动。通过想象，幼儿能够创造游戏情境，发展游戏情节。想象力有助于发展幼儿的抽象思维、解决问题能力，并在认知和情感层面拓展他们对世界的理解。

皮影戏（大班）

安安和月月用塑封好的薄膜、吸管及双面胶自制了公主、王子、巫婆等皮影，然后表演《公主与王子》的故事。他们想象：王子与公主在城堡前相遇，一起去森林里探险，途中遇到了巫婆。

安安模仿公主的声音说："你刚才真勇敢呀，你的神奇宝剑一下子就刺中了恶龙的心脏。"月月模仿王子的声音说："亲爱的公主，我们快走吧，要不然巫婆就追过来了。"说完，两个人加快了动作，上下摆动手里的皮影（见图2-2-15）。

图 2-2-15

上述案例中，幼儿自制皮影扮演故事中喜欢的角色，并通过想象丰富了故事内容，创造性地表演故事。

第三章

解读：看到幼儿的学习与发展

专家说

只是看到幼儿的能干和了不起，还不足以支撑高质量地支持幼儿学习与发展所需要的教师专业形象。除了看到游戏行为所反映出的幼儿能力，教师还要看懂游戏行为中幼儿的学习与发展，这就需要教师深入了解幼儿，解读幼儿游戏行为中蕴含的发展意义。

解读幼儿往往是教师支持幼儿游戏时感到棘手的事情。张家港市实验幼儿园联盟的教师们也面临着同样的困难，他们能够看到幼儿精彩的游戏行为，却对分析与解读该游戏行为感到焦虑。然而，令人欣慰的是，教师们很快就从最初的焦虑状态中走了出来，因为他们从依赖和套用各种评价指标来解读幼儿游戏的行为中醒悟了。他们发现，套用评价指标时出现了以下问题：一是解读过程过于烦琐，因为教师要从相关文件中选择每一个发展领域的条目；二是对不同游戏案例的分析大同小异，甚至对一个游戏案例的解读可以套用于其他游戏案例，因为教师使用的是同一个文件中同一条或同几条评价指标；三是对于许多真实情境中的游戏行为找不到现成的解读依据；四是对同一个幼儿在不同情境中的同一类行为的分析出现了矛盾，例如，在一种情境中解读为谦让，在另一情境中解读为争抢，最终导致这样的解读并不准确，对教师支持幼儿的游戏没有意义。

问题根源在于教师误将幼儿发展水平的标准化测评作为解读的专业依据，而没有将支持幼儿当下的需要作为解读的出发点。解读幼儿的游戏始于观察，它要求教师边看边思考边判断（也可以说是猜测和假设），即判断幼儿的行为动机，判断幼儿为实现自己的动机所采用的策略，判断幼儿行为所反映的已有经验是什么，判断幼儿解决问题的方法有哪些，判断幼儿在失败和成功中习得了哪些新经验……教师在观察过程中所做的这些判断就是对幼儿游戏的解读，有些判断可以通过幼儿的行为即刻得到验证，有的判断需要通过倾听幼儿的想法才能得到验证。这样的解读，让教师跳出了静态化、统一化、标准化的模式，看到了一个有着内在驱动力的、变化中的、有差异的、灵动的幼儿。

可见，教师只要会思考和判断就会解读，至于思考得深与浅、判断得准确与否，教师之间是有差异的。在每天细致与耐心的观察以及对有关游戏视频的重温中，教师从关注幼儿游戏过程中的每一个行为到分析其中的关键行为，对幼儿游戏的解读将越来越精准。先前那些为了解读幼儿游戏而套用的各类评价指标、各领域年龄发展目标、幼儿发展规律等，则成为教师提升解读素养的日常学习材料。

这样的解读，培养的是教师对幼儿行为的好奇心和善于思考的习惯，提升的是教师对幼儿学习过程的洞察力和对幼儿发展状态的敏感性。

（华东师范大学教授　华爱华）

解读幼儿的游戏是指教师通过观察、倾听和与幼儿对话，深入理解幼儿的各种游戏表现。解读是教师评估幼儿游戏和为他们提供有效支持的基础。

通过阅读本章，你将：

- 了解教师在解读幼儿游戏时的常见问题；
- 解读幼儿当下的行为表现；
- 解读幼儿的思维；
- 掌握幼儿学习与发展的特点。

第一节　解读幼儿游戏时的常见问题与应对策略

关注幼儿的游戏行为并不难，难在如何“看懂”幼儿的游戏行为。要解决这个难题，教师首先需要明确两个认识：其一，观察与解读不是孤立的、割裂的，解读并不一定在观察结束后进行，教师可以边观察幼儿的游戏边进行解读；其二，解读不是一蹴而就的，教师需要通过持续观察、倾听和与幼儿对话等途径不断修正或完善对幼儿的解读。虽然教师不可能完全读懂幼儿，但是可以通过解读来最终实现更好地支持幼儿学习与发展的目的。

一、解读幼儿游戏时的常见问题

在解读幼儿的游戏时，教师存在解读过于笼统、流于表面等问题。

（一）对幼儿游戏的解读过于笼统

阅读教师对幼儿游戏的解读，我们会发现，对某一个游戏的解读同样适用于其他游戏。请看下面这个案例。

游戏观察

4名幼儿将滚筒推到木箱上面。

教师解读

在这个过程中，我看到了幼儿的亲社会行为。此外，他们为了同一个目标能不断地进行尝试并想办法解决问题，由此我看到了他们发现问题和解决问题的能力。

上述案例中，教师对幼儿游戏的解读过于笼统。例如，幼儿的亲社会行为包含谦让、帮助、合作、共享等，这个案例中的亲社会行为具体表现为哪些方面呢？幼儿的哪些动作或语言反映了他们的亲社会行为呢？又如，解决问题的能力包括分析能力、创造能力、决策能力、沟通能力、应变能力等，这个案例中的解决问题能力主要表现为哪些方面呢？幼儿在游戏中想了哪些方法，进行了多少次尝试，每次尝试后又是如何调整的呢？这些细节才是幼儿发现问题与解决问题的有力证据。

（二）对幼儿游戏的解读流于表面

教师在解读幼儿的游戏时，往往直接套用现成的模式。请看下面这个案例。

游戏观察

3名小朋友在沙水池玩滚球游戏，他们将球放在沙水池中的轮胎边。可可说："我第一个放，小小第二个，小山第三个。"第二次，可可说："这次小山第一个放，我第二个，小小第三个，小山负责捡球。"每个人每轮到一次就滚3个球，滚 3 次。同时，每次都由一名幼儿将球重新捡到轮胎里。

教师解读

《3—6 岁儿童学习与发展指南》指出："能想办法吸引同伴和自己一起游戏。活动时能与同伴分工合作，遇到困难能一起克服。"在游戏中，我看到了幼儿能合作玩游戏，和同伴友好交往，能用滚球游戏来吸引同伴一起玩，这说明幼儿有一定的交往能力和沟通能力。

上述案例中，教师将幼儿的行为与《3—6 岁儿童学习与发展指南》中的内容进行匹配，但是忽略了幼儿细微的行为表现和游戏的具体过程所反映的幼儿学习与发展，导致对幼儿游戏的解读流于表面。游戏中，幼儿为什么每次都规定滚 3 个球呢？重温幼儿的游戏视频后不难发现，因为轮胎内的空间只能容纳 3 个球，所以每个人有 3 次滚球的机会。由此可见，幼儿能够根据游戏材料的实际情况灵活制定和调整规则。此外，3 名幼儿为什么能有序地轮流游戏？幼儿是如何进行协商的？协商过程是解读幼儿交往能力和沟通能力的重要依据。如果教师在解读中遗漏了这些细节性信息，只套用某些现成的文件，那么将无法真正地看到幼儿、读懂幼儿。

对幼儿游戏的解读没有固定的框架和模式。《3—6 岁儿童学习与发展指南》等相关文件以及幼儿发展心理学理论为教师呈现了幼儿在不同领域大致的发展路径，展示的是幼儿典型的发展特点，但是每一个幼儿在不同领域的发展情况不尽相同，同一个幼儿在不同的游戏情境中、在游戏的不同阶段的发展也有所差别。在具体的游戏情境中，幼儿的发展是动态的、递进的，具有无限的可能性。如果教师机械地认定幼儿在特定年龄段应该做什么，就会不自觉地去评价幼儿是否符合标准，从而忽视了幼儿真实的学习和发展过程。

二、如何解读幼儿当下的行为表现

在观察中解读幼儿当下的行为表现，可以帮助教师了解现阶段幼儿的发展状况、兴趣和需要，决定在什么时候以哪种方式介入幼儿的游戏，为幼儿提供什么样的游戏材料，或者补充和丰富幼儿哪方面的经验。

此外，解读幼儿当下的行为表现，还可以帮助教师更好地了解幼儿的情绪情感、遇到的困难等。通过解读，教师可以更顺畅地与幼儿互动，进而有效地满足他们的学习与发展需求。

（一）解读幼儿的兴趣

兴趣是一个人学习与发展的动力。对于自己感兴趣的活动，幼儿会积极参与其中。幼儿的兴趣具有一定的不稳定性，会随着时间的推移而发生改变。解读幼儿当下的兴趣，能有效地帮助我们了解幼儿当前的经验和情感需求，更好地规划和开展后续活动，生成符合幼儿兴趣的课程。教师可以通过观察幼儿的行为、倾听幼儿的语言等途径更好地解读幼儿的兴趣。

旋转的小球（中班）

在沙水游戏中，孩子们将小球放在管道上端，小球随着水流向下滚动，在管口末端不断地旋转。轩轩蹲下身看着旋转的小球，并伸手拨了拨它（见图3-1-1、图3-1-2）。之后，轩轩再次让小球从水管的上端滚下来，小球滚到了管口末端又开始旋转，轩轩蹲下来歪着脑袋看，眼睛逐渐睁大，嘴角上扬，小声嘀咕道："小球转圈圈，小球转圈圈。"大概看了1分钟，轩轩朝着小敏大声

图 3-1-1

图 3-1-2

喊："小敏，你快来看呀，小球在转圈圈。"他走过去拉着小敏一起蹲下来看。轩轩反复将小球放在水管的上端，让小球滚下来并旋转，一直玩了 4 次。

上述案例中，轩轩反复蹲下来观察小球在管道末端旋转，从他睁大的眼睛、上扬的嘴角以及招呼小伙伴一起观察的行为可以看出，他对小球旋转的现象充满了惊喜与兴趣。

（二）解读幼儿的需求

根据美国人本主义心理学家亚伯拉罕·马斯洛（Abraham Maslow）的需求层次理论，幼儿的需求包括生理需求、安全需求、社交需求、尊重需求、自我实现需求等，这些需求对幼儿的健康成长至关重要。解读幼儿当下的需求，可以帮助教师与幼儿建立良好的关系和情感连接。

- 生理需求：幼儿维持自身生存的最基本要求，包括衣、食、住、行等方面。
- 安全需求：幼儿需要稳定、安全、没有恐惧和焦虑的环境，并保障自身不受威胁等。
- 社交需求：幼儿希望与他人建立情感联系、进行社会性互动，并在群体中获得归属感。
- 尊重需求：幼儿希望受到别人的尊重。
- 自我实现需求：幼儿追求发挥自身潜能，实现个人理想、抱负等。

我是什么（大班）

户外游戏时间，珊珊、浩浩和萌萌在玩堆沙子的游戏，他们用滚轮、铲子等工具建造房子。

萌萌说："我们要把房子建造得牢固一些，这样坏人就不能进来了！"

墨墨站在旁边看着他们说："我也帮你们做吧！"（见图 3-1-3）

珊珊说："你不要来，你会弄坏它。"

图 3-1-3

图 3-1-4

墨墨和萌萌一起坐在沙池边上，他看看萌萌说：“我可以和你们一起建造房子吗？”

萌萌看了看他，问小伙伴：“他可以加入吗？”

其他两个人点点头，墨墨看了笑着说：“好的，我多拍拍，这样房子就牢固了。”

玩了一会儿，萌萌说：“珊珊是天使，浩浩也是天使。”

墨墨问：“那我是什么？”

萌萌没有讲话，墨墨歪着头，把脸凑到萌萌的面前又问：“那我呢？那我是什么？”（见图 3-1-4）

萌萌说：“你也是天使。”

墨墨笑着说：“啊，我也是天使，我们都是天使！”

上述案例中，墨墨有强烈的参与同伴游戏的社交需求。他在第一次询问能否帮忙时，遭到了同伴的拒绝。但他没有放弃，而是默默靠近并再一次提出请求，终于得到了同伴的接纳。从他一边笑一边动手加固“房子”的样子可以看出，他的心情是多么愉悦。

此外，他也渴望得到同伴的认可，希望在群体中找到归属感。因此，他反复向同伴确认自己的“天使”身份。

（三）解读幼儿的发展水平

《3—6 岁儿童学习与发展指南》指出：“要充分理解和尊重幼儿发展进程中

的个别差异，支持和引导他们从原有水平向更高水平发展。”因此，观察与解读幼儿在各方面的已有发展水平，是建构适宜幼儿发展的课程、支持他们后续发展的前提和基础。

- 运动发展：幼儿如何控制自己的身体，如何发展自己的身体协调性与平衡性等。
- 认知发展：幼儿的感知觉、观察力、想象与创造力、数理逻辑经验和物理经验等方面的发展。
- 情绪情感发展：幼儿识别、理解、表达以及调节情绪的能力的发展，幼儿的道德感、美感和理智感的发展。
- 个性和社会性发展：幼儿的自我意识、自我评价、自我控制能力的发展，幼儿的分享、助人、合作等亲社会行为的发展。
- 表现与表达发展：幼儿的语言表达能力的发展，幼儿的绘画、手工、律动等艺术表达能力的发展。

挑战网格通道（大班）

树屋游戏中，孩子们尝试用不同的方式通过树屋网格通道。

潇潇和苗苗钻进网格通道，尝试用匍匐的方式通过它。聂聂来到树屋网格通道的一端，用两只手抓着网格通道的上端，左脚踩着网格通道的边缘，用力一蹬，身体慢慢地向前移动。不一会儿，他就爬到了网格通道的外面。他紧张地往下看了看，蹲下身往前爬了几步，两只手抓好网格上的绳子后，将膝盖慢慢弯曲，蹲下。他以蹲的姿势手脚并用，慢慢地向网格通道的另一端爬去。爬了好一会儿，他终于到达网格通道的另一端。他开心地大喊：“我成功啦！你们快看，我过来啦！”

喊完，他又继续抓住树屋两面的木桩，双手慢慢地向上移动。他缓缓地站起来，站稳后用左手扶着树屋上端的树干，用右手抓着树屋顶上的横梁（见图3-1-5），兴奋地大喊道：“范老师，快看，快帮我拍下来。”

图 3-1-5

上述案例中，聂聂没有满足于和同伴一样从网格通道中爬出来这一常规玩法，而是尝试挑战新的玩法。

他选择从网格通道的外面通过，主动为自己的攀爬游戏增加了难度。他手脚并用地攀爬，安全地通过了网格通道，反映了较高的运动发展水平，具体表现为：较强的手臂和腿部力量、较好的身体协调性，以及在高处持续保持平衡的能力。

同时，我们可以看到聂聂在活动中具有较高的自我认知水平，也具有较强的自我保护能力和解决问题能力。当他来到网格通道的外面时，他并没有立即行动，而是先观察自己距离地面的高度；当发现可能存在危险时，他采用下蹲的姿势，降低自己的重心，并抓住网格上的绳子，用爬的动作继续前进。

当他完成挑战时，他兴奋地向同伴和教师展示自己的成就，说明他能用语言很好地表达自己的需求和想法。

到底几个球（大班）

在攀爬区中，有的幼儿将梯子和管子组合起来玩游戏，有的幼儿利用竹竿玩套圈游戏。苗苗和小智拿来两根竹竿，将其架在攀爬网上，并在两根竹竿的中间放了一个球，小球从竹竿上面滚了下来（见图3–1–6）。这时，浩浩也拿来了一根竹竿，架在了两根竹竿的旁边。浩浩放好竹竿后又去拿了一个球过来。不一会儿，攀爬网上就架了5根竹竿。

图3–1–6

这时，苗苗问："这里要放几个球呢？"

浩浩说放3个球，苗苗说："是吗？"

小智立刻点数了起来："1，2，3，4，5，有5根竹竿，应该放5个球，苗苗，你拿5个球。"苗苗立马拿了5个球过来。之后，浩浩和苗苗往竹竿上放球，放到最后，发现多了1个球。

苗苗又数了起来："1，2，3，4，这里只需要放4个球，你们看，这里只要4个球。"小智说："可是这里有5根竹竿呀？不是应该放5个球吗？"

浩浩说："球是放在竹竿之间的，这里有4条路，所以只要4个球。"

他们将4个球放在竹竿之间的空隙中，过了一会儿，浩浩又拿来一根竹竿，将其架在攀爬网上，苗苗立马说："现在要放5个球了，因为现在有5条路。"浩浩立马跑去又拿了1个球过来（见图3–1–7）。

图3–1–7

上述案例中，小智和浩浩的认知能力尤其是逻辑推理能力处于不同的发展水平。小智能正确点数竹竿的数量，但是并没有理解竹竿数量和球的数量之间的关系；浩浩则能根据竹竿间的空隙数量来判定需要多少球，他的推理和判断能力较强。

（四）解读幼儿的学习品质

学习品质是指学习者在学习过程中表现出来的学习倾向、态度、习惯、风格等，关系着学习者如何获得知识和技能。幼儿的学习品质包括积极主动、认真专注、坚持不懈、拥有好奇心和学习兴趣、不怕困难、敢于探究和尝试、乐于想象和创造、反思和解释等。通过解读幼儿的学习品质，教师可以更好地了解幼儿是如何学习的，为后续规划课程提供现实依据。

滚球记（大班）

户外游戏时间，乐乐和思思利用长凳、木筒、蜂窝球、木板、轮胎等搭建了一条可供足球滚动的轨道。他们想让足球从最高点滚落到蜂窝球内，再沿着木板滚动到轮胎内。可是，足球滚到蜂窝球那里时总是被弹出来。

乐乐把3块木板对齐后平放在梯子上，木板的左端架在高一点的T形梯子上，木板的右端架在较矮的人字梯上，形成了一个斜坡。在较矮的人字梯的下面是一个蜂窝球。乐乐将足球从上面滚下来，可是足球还没有到达蜂窝球那里，就从木板的旁边滚了出去。于是，乐乐和思思把架在梯子两边的木板竖了起来，然后让足球从上面滚下来（见图3-1-8），可是足球落到蜂窝球的洞口时直接弹开了。

图3-1-8

乐乐和思思将架木板的梯子往后挪了挪，又搬来了一架较矮的人字梯放在木板下面，并让梯子和蜂窝球离得近一些。之后，他们走到蜂窝球那里，用手在木板上比画了一下足球滚落到蜂窝球的路线，然后让足球从上面滚下来，这次足球卡在了木板和蜂窝球中间。

乐乐走过来看了看，指着卡住足球的地方对思思说："足球就是在这里被卡住了。"乐乐说着把中间的木板往较高的梯子那边挪了一些，中间的木板和蜂窝球之间因此空出了一段距离。思思将足球滚下去，一次就成功了（见图 3-1-9）。

图 3-1-9

上述案例中，乐乐和思思利用户外游戏场地上的现有材料搭建了可供足球滚动的轨道，可见他们具有一定的想象力和创造力。

在尝试让足球滚落到蜂窝球里时，尽管 4 次都失败了，但他们始终没有放弃，不断地在"发现问题—思考与假设—验证假设"的过程中调整轨道的位置，这说明他们敢于探究和尝试，既能坚持不懈又能灵活变通，同时具有善于反思的学习品质。

除了从幼儿的兴趣、需求、发展水平和学习品质出发解读幼儿的游戏外，教师还可以结合幼儿的气质（如黏液质、抑郁质、多血质、胆汁质等）来解读，这样更有助于走进幼儿的内心世界。

解读幼儿游戏的真正目的是了解幼儿的思维，找到读懂幼儿心灵的密码，为支持和指导幼儿的学习与发展提供强有力的依据。

第二节　如何解读幼儿的思维

作为教师，我们无法直接看到幼儿的所思所想，但是可以通过幼儿的动作、语言、表情、记录来解读幼儿的思维。解读幼儿的思维，有利于教师推测幼儿的想法，从而加深对幼儿的理解，让教育活动尽可能贴近幼儿的真实需求，让教师尽可能与幼儿同频共振。

一、通过动作和表情解读幼儿的思维

幼儿的思维会通过他们的动作表现出来。通常，当幼儿沉浸于某一活动中时，他们的行动已经占据了他们的全部注意力，这时教师可以通过幼儿的动作及其变化来了解幼儿正在想什么、正在质疑或试图弄清楚什么。

表情（如微笑、惊讶、哭泣、好奇、激动、自豪等）是情绪的外部表现形式，是一种十分重要的非语言交往手段。幼儿的面部表情变化也可以反映他们思维的变化。

夹缝滚球（大班）

建构游戏中，乐乐、天天、小小和花花计划用木板搭建一个斜坡，玩小球滚落的游戏。

一开始，天天和小小用单块木板搭建了斜坡，然而试了几次后发现小球在滚动时一直偏离木板。接着，乐乐和天天又搬来一块木板，加宽了斜坡（见图3–2–1）。乐乐尝试了多次，发现小球在滚动时还是经常偏离木板。

随后，乐乐加大了两块木板之间的距离使之产生一道缝隙，并再次尝试滚球，结果球卡在了木板缝隙中（见图3–2–2）。乐乐皱着眉头想了一会儿，尝试将木板之间的距离变大，让球从缝隙中掉落。她弯腰盯着小球掉落的地方看，然后不断调整木板间缝隙的大小，在尝试了几次后，小球终于顺利地从木板上滚了下去。她欢呼起来。

图 3–2–1

图 3–2–2

上述案例中，由于单块木板容易使小球偏离滚动的方向，因此幼儿“又搬来一块木板”，认为只要斜坡的宽度增加了，就可以让小球顺利地滚下来。当这一方法没有奏效时，幼儿“加大了两块木板之间的距离”，认为只要木板间有缝隙，就能让小球滚下来。但是，当小球被卡在缝隙中时，幼儿“皱着眉头想了一会儿”“弯腰盯着小球掉落的地方看”，认为夹缝的大小会影响小球的顺利滚动，于是蹲下身“不断调整木板间缝隙的大小”。从幼儿的这一系列动作和表情中，我们可以看到他们在游戏过程中的思考。

二、通过语言解读幼儿的思维

语言不仅是交流的手段，更是思维的工具。通过幼儿的语言，教师可以探寻他们的所思所想，了解他们使用的不同游戏策略，进而发现拓展幼儿学习的机会。在倾听幼儿和与幼儿对话时，教师应保持耐心，给予幼儿充足的时间做出真实的反应，同时尽可能多地捕捉幼儿语言的细节，以发现和了解他们的更多想法。

孔雀不动了（中班）

在饲养活动中，孩子们站在孔雀旁边看了很久（见图 3-2-3），发现孔雀好像不动了。

图 3-2-3

花花："那只孔雀好像睡着了。"

彤彤："孔雀死了。"

乐乐："它肯定晕过去了。"

天天："它也许饿了，饿了就晕了。"

小美："也许是因为它不舒服，它如果生病了就没有力气了。"

上述案例中，幼儿的不同观点体现了他们对同一事物的不同理解，也反映了幼儿的已有认知和生活经验的不同。

三、通过记录解读幼儿的思维

记录是指把所见、所闻、所思、所想通过一定的手段保留下来，并作为信息进行分享。幼儿所做的记录，对于幼儿的认知、情感、社会性发展具有重要的价值和意义。教师可以从幼儿所做的记录中了解他们的想法、需求、游戏水平和经验，进而给予他们适宜的支持和帮助。

太阳躲起来了（小班）

在小班来园活动中，幼儿可以自主选择做天气记录、自然角记录、游戏记录等。琪琪今天在天气角进行记录，她一会儿看看天空，一会儿画上几笔。完成后，琪琪拿着做好的记录（见图 3-2-4）给教师看。

看了她的记录，教师对她画的大大小小的圆圈很好奇。于是，教师与幼儿进行了一对一倾听与对话。

教师："琪琪，你画的是什么？"

琪琪："天空灰蒙蒙的，天上有一大片乌云，太阳被乌云挡住了。太阳在和乌云玩捉迷藏，太阳一会儿躲在这里，一会儿躲在那里。躲在乌云里的太阳没有光芒，太阳跑到乌云外面会发出光芒。太阳跑到乌云外面，一会儿就被乌云挡住了，今天有可能下雨。"

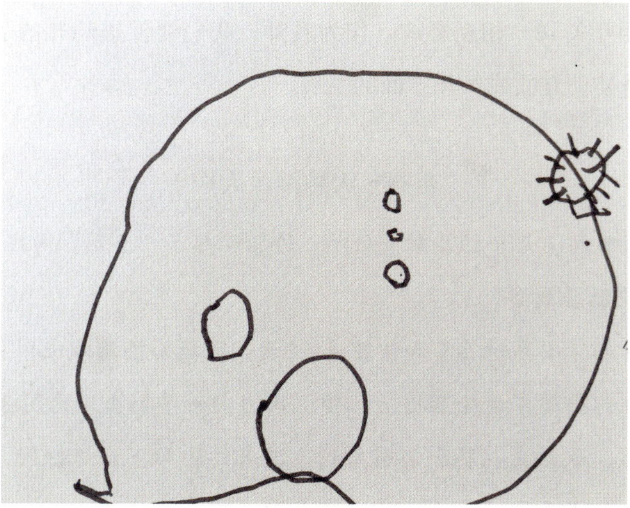

图 3-2-4

小班幼儿处于具体形象思维阶段。从琪琪所做的记录可以看出，她创设了富有想象力的有关天气的情境——太阳和乌云在玩捉迷藏游戏。同时，她所做的记录也反映了她的生活经验——太阳被乌云遮挡时就没有了光芒，天上有乌云时可能会下雨。这也体现了她具有一定的因果关系推理能力，展示了她高阶思维的发展。

第三节　幼儿学习与发展的特点

幼儿的学习与发展是一个复杂而多维的过程，它以直接经验为基础，在游戏和日常生活中进行。我们可以将其概括为“在做中学，在玩中学，在生活中学”。幼儿具有强烈的好奇心、探索欲和创造性，我们应该尊重他们的学习与发展特点，为他们提供合适的学习环境和材料，促进他们的深度学习和可持续发展。

一、幼儿的学习与发展是一个整体

幼儿的学习与发展涉及多个领域，如语言、认知、社交、情感等，并且各个领域之间相互关联、相互影响。作为教师，我们要促进幼儿的身心全面协调发展，而不是某一方面或某几方面的发展。

“套圈”大挑战（大班）

户外游戏时间，几个幼儿拿着竹竿、轮胎玩起了“套圈”游戏。

（1）用轮胎套竹竿

游戏一开始，小薛对芸芸和苗苗说：“我们来玩套圈游戏吧！”芸芸和苗苗拿来竹竿握住，小薛拿着轮胎退后几步，用力向竹竿抛去（见图 3-3-1），轮胎没有套住竹竿，原因是芸芸和苗苗看到飞过来的轮胎下意识躲闪，导致手中的竹竿扶不稳。小薛说：“等一等，我来想想办法。”

图 3-3-1

（2）借助于材料让竹竿竖起来

小薛搬来一个带网格的大轮胎，将竹竿插入网格中（见图 3-3-2），但是竹竿还是会向一边倒去。小薛再次搬来一个带网格的轮胎，将两个轮胎叠放在一起，随后他再次把竹竿插入网格中（见图 3-3-3），并左右转动轮胎的方向，这次竹竿稳稳地竖了起来。他们继续玩套圈游戏。

图 3-3-2

图 3-3-3

（3）想办法让竹竿更稳

可是，每次当轮胎碰到竹竿的时候，竹竿还是会倾斜。见状，小薛又搬来两块木板，压在竹竿的两侧。套了几次还是套不进去，芸芸说："你再站近一些，这样就可以套进去了。"于是，小薛往前站了站，但依然没有成功。芸芸又说："你再站高一点套，你站到树屋上面，就可以套进去了。"于是，小薛拿着几个轮胎爬上树屋平台，一边扔一边说："1 个、2 个、3 个……"（见图 3-3-4、图 3-3-5）小薛终于成功套进去一个，游戏持续进行着。

图 3-3-4

图 3-3-5

上述案例中，为了能够成功地用轮胎套住竹竿，小薛想方设法让竹竿"站"得更稳，并不断地调整套圈时站立的距离和高度，这说明他具有一定的发现并解决问题的能力，也体现了他的认真专注、不怕困难的学习品质和思维的灵活性。在游戏过程中，几个幼儿不断商讨成功套圈的方法，发展了语言表达能力和社会交往能力。此外，小薛一边套圈一边点数轮胎的数量，体现了他具有感知和理解数量关系的能力。由此可见，幼儿的学习和发展是一个整体。

二、幼儿的学习与发展是一个渐进的过程

幼儿的学习与发展不是一蹴而就的，而是一个从简单到复杂、从具体到抽象的过程。幼儿在每个阶段都有自己的发展特点和发展里程碑。理解幼儿的学习与发展是一个渐进的过程，既有助于教师更好地了解幼儿在学习新知识、新技能时面临的挑战，认识到每个幼儿的发展速度都不相同，为每个幼儿提供更有针对性的支持；也有助于教师采用符合幼儿发展规律的教学策略，激发幼儿的学习兴趣，促进他们主动学习。

小球游乐场（小班）

开学伊始，小班教师收集了各种各样的小球和U形管，小班幼儿利用这些材料玩起了小球轨道游戏。

一开始，田田和小旭将U形管放在地上，一个接一个连成一条长长的轨道，然后用纸箱将轨道的一端架起来，形成一个斜坡（见图3–3–6）。他们尝试用乒乓球在轨道上滚动，但以独自游戏为主。

图 3–3–6

半个多月后，孩子们使用的球的种类和数量不断增加。小旭先将乒乓球从U形管中一个个滚下去，又拿来一个弹力球滚下去，说："哇，看弹力球多厉害，有两个乒乓球被弹力球撞飞了。"（见图3-3-7）小弈说："我来一次，肯定比你更厉害！"于是，两个人玩起了撞击小球的游戏（见图3-3-8）。

图3-3-7

图3-3-8

一段时间后，孩子们又玩出了新花样。他们用彩色大弯板围成一个花的造型，然后将U形管搭在弯板上面，形成斜坡。小君和辰辰将小球从斜坡上往下滚（见图3-3-9），一边玩一边说："看，在我们的小球游乐场，小球玩得好开心呀！"过了一会儿，聪聪拿来更多U形管，不但搭建了更多的轨道，还搭建了游泳池、喷水池等（见图3-3-10）。

图3-3-9

图3-3-10

上述案例中，随着时间的推移，幼儿的游戏材料日益丰富——从一开始只有乒乓球、U形管和纸箱到后来使用不同种类的球、彩色大弯板等；幼儿的游戏情节日益复杂——从单一的滚球游戏到撞球游戏，再到构建更复杂的游戏场景；幼儿的合作能力不断提高——从独自游戏到共同玩小球游乐场的合作游戏；幼儿的经验不断增长——从尝试在轨道上滚动不同种类的球到发现小球撞击现象，再到探索撞击后其他小球的运动轨迹等。

由此可见，幼儿的学习与发展是一个渐进的过程。幼儿天生就对周围的环境充满好奇心，通过观察、触摸和体验来了解世界。这就要求教师为幼儿提供安全的环境和丰富的资源，并给予他们充足的时间和空间，鼓励他们自由探索和学习。

三、幼儿的学习与发展存在个体差异

每个幼儿都有自己独特的发展特点和速度，在能力、性格、兴趣、思维方式上各不相同，如有的幼儿在某些领域表现出色，而在其他领域可能需要更多的支持和帮助。此外，男孩和女孩也可能存在性别差异。了解和尊重幼儿的个体差异是理解和支持他们的重要一步。教师可以根据幼儿的发展特点和需求提供支持，以帮助每个幼儿充分实现其发展潜力。

足球轨道（大班）

户外游戏时间，悦悦和楠楠玩起足球滚动的游戏。他们利用长凳、滚筒、蜂窝球、木板、轮胎等，搭建了一个由高到低的3节轨道（见图3-3-11），然后让足球从最高点滚落到蜂窝球内（见图3-3-12），再沿着木板滚到轮胎内。游戏结束后，孩子们将自己的游戏记录下来（见图3-3-13、图3-3-14）。出于对游戏的好奇心，教师对这两名幼儿进行了一对一倾听。

楠楠说："足球滚到蜂窝球那里时总是被弹出来，于是我放了3块木板，把轨道变宽，可足球在滚动的时候还是会被弹走。后来，我把两边的木板竖起来，希望足球不要滚落下去，可还是失败了。我拿来梯子，把3块木板放在梯子上，

图 3-3-11

图 3-3-12

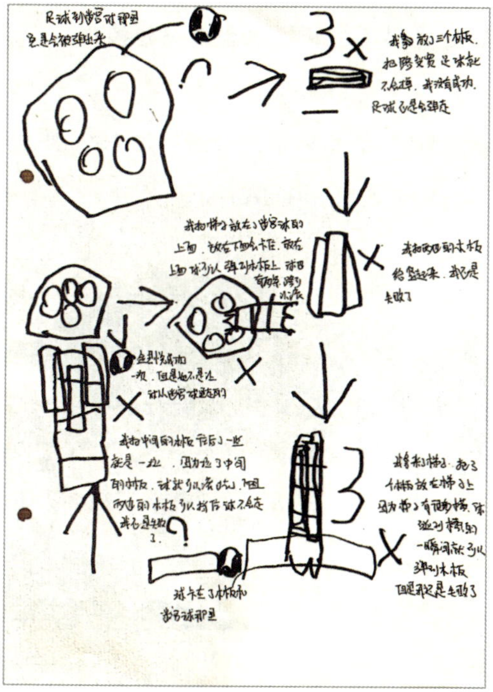

图 3-3-13

图 3-3-14

因为梯子上有很多横杠，足球碰到横杠的一瞬间就可以弹到木板上，但依然没有成功。当足球卡在木板和蜂窝球中间的缝隙时，我把中间的木板往后拉了一些。我以为这样足球就可以滚过去了，但还是失败了。悦悦在玩的时候成功了一次，足球顺利沿着轨道滚到了终点。”

悦悦说：“我先用滚筒、长凳、蜂窝球、木板等材料搭建了一个滚足球的轨道，再把滚筒放在梯子上当作山洞，最后我和楠楠一起将足球通过山洞滚到蜂窝球里。我还在终点放了很多轮胎。球会掉到哪个轮胎里呢？”

从上述案例中可以看出，两个幼儿在游戏中表现出不同的行为特征。楠楠更注重游戏的探究过程，利用材料不断反思与调整轨道位置，不断地在试误中解决问题。悦悦则更注重游戏结果，对游戏过程的叙述相对简单。

花样跳水（大班）

在大操场游戏中，孩子们最近热衷于将梯子、长板组合在一起搭建高台，从上面往下跳。

小天双脚踩在木板上，微微屈膝，眼睛看着脚下，慢慢往前走（见图3-3-15），当走到木板前端的时候，往下一跃（见图3-3-16）。

图 3-3-15

图 3-3-16

小美弯着腰，双手抓着木板两边小心地向前走（见图3-3-17），走到木板前端后，双脚一蹬向下跳。

甜甜也想玩，不过她有点害怕。小天对甜甜说：“没事，我从后面保护你，这样你就不害怕了。”甜甜用和小美一样的方法走到木板前端，小天紧随其后，双手从后面抱住甜甜的身体一起往下跳。

图 3-3-17

上述案例体现了三名幼儿在户外游戏中的动作发展水平及其个体差异。小天微微屈膝以降低自己的重心，获得更好的稳定性。他看着脚下慢慢往前走，在行进间不断观察并随时调整自己的步伐和姿势，这说明小天的运动水平和身体调节能力非常强。

小美手脚并用，小心翼翼地走到木板前端，这说明她需要将自己的身体重心降得更低以获得更好的稳定性和对身体的掌控感。虽然小美的运动发展水平相比小天略逊一筹，但是她也具有敢于尝试的勇气。

甜甜在同伴的帮助下，战胜了内心的恐惧，体验到参与挑战的快乐。这三名幼儿在“跳水”时的差异性表现，与他们的运动经验、自身的气质特点等因素相关。

在幼儿学习与发展的过程中，整体性、渐进性和个体差异性相互交织，共同构成了幼儿发展的全貌。我们应从整体的角度看待幼儿的发展，为其提供全面而均衡的学习环境，同时关注幼儿的个体差异，为其提供个性化的支持。此外，还要理解幼儿的发展是一个渐进的过程，鼓励他们逐步探索和实践。只有这样，才能培养出身心和谐发展的儿童。

第四章

支持：规划课程的无限可能

专家说

既要尊重幼儿的游戏意愿，又要发挥教师的指导作用，在处理这两者之间的关系时教师往往感到左右为难。张家港市实验幼儿园联盟的教师们在多年自主游戏的实践中，悟出了一条实践原则：支持幼儿主动学习，就要为幼儿提供无限的发展机会。幼儿期是儿童各方面发展的关键期或敏感期，只要有充足的机会，幼儿就会自发地启动内在的生长力，即主动学习的能力。教师的作用在于激发幼儿发展的内驱力，让幼儿在具有各种发展可能性的机会中自主学习。这类机会主要存在于游戏前的环境创设和材料投放，游戏中的观察和适宜介入，游戏后的倾听和讨论。教师在游戏前、游戏中、游戏后的每一轮观察、倾听和分析中，反思自己为幼儿创造的机会是否足以支持他们完整发展，思考如何通过调整来为幼儿的进一步发展持续创造机会，从而形成一个不断发展的循环圈。

对于游戏前的环境创设和材料投放，教师需要考虑环境中蕴含的幼儿五大领域发展的机会是否全面而整合。教师必须理解，只有环境和材料具有开放性和低结构的特点，才不致出现某一发展机会的缺失或发展过程的机械割裂（第一章已阐述）。

游戏中基于观察的介入，主要在于教师是激发还是消除了幼儿的主动性（兴趣与动机、专注度与持久性）。当教师难以判断介入的时机时，可以选择介入或不介入，关键是游戏后要对这个曾经纠结于该不该介入的时机进行反思，反思的焦点包括：教师是否有追求完美结果的功利化倾向，幼儿的行为是否由兴趣驱动下的主动行为变成了教师的任务驱动下的被动行为。

游戏后的倾听和讨论，是一种由教师发起的有教育意图的活动。首先，让幼儿用绘画的方式记录游戏经历和想法，教师一对一倾听幼儿的表述，既有助于幼儿发展元认知和叙事能力，也有助于教师深入了解幼儿的学习与发展状况，弥补游戏中观察的局限性，为教师评价与支持幼儿提供了重要依据。其次，当教师基于对幼儿游戏的观察来选择科学、数学、社会、艺术等不同发展领域的话题，并通过视频和照片还原部分游戏现场，让更多的幼儿参与对话与讨论时，这既涉及对幼儿经验的回顾，也涉及一些问题和冲突，需要幼儿在相互启发中做出判断和推论、说出观点和理由，从而促进了幼儿的思考。所以，无论是幼儿个体的表征还是幼儿集体对共同话题的讨论，无论是一对一倾听还是启发性思维共享，都将原本操作层面的行为引向思维层面，而教师可以从中看到幼儿的思维活动，听到幼儿极其精彩的观点，从而支持幼儿高阶思维的发展。

（华东师范大学教授　华爱华）

以往在提及对幼儿学习与发展的支持时，教师脑海中首先浮现的是集体教学。集体教学有其独特的优势与价值，但因为它是教师预设和主导的面向全体幼儿的活动，所以在一定程度上限制了幼儿的主动性，也使教师无法关注到每一个幼儿的发展。

近年来，支持幼儿学习与发展的内涵不断丰富。教师在幼儿游戏中的观察和适宜介入，在游戏后组织的分享与交流，以及对活动的下一步规划等，都是对幼儿学习与发展的支持。

通过阅读本章，你将：

- 明确支持幼儿的目的；
- 了解游戏中介入的时机和方法；
- 掌握基于观察和理解规划下一步活动的方法。

第一节　教师提供支持的目的是什么

教师对幼儿的观察和倾听、教师与幼儿之间的一对一交流等，都是教师为幼儿提供的一种支持，目的在于促进幼儿的情绪情感发展、支持幼儿的思维发展、增进幼儿的同伴合作以及加深对幼儿的了解。

一、促进幼儿的情绪情感发展

幼儿的情绪情感体验多种多样，教师要通过有效的情感表达和亲切的关怀与幼儿建立深厚的情感纽带，为幼儿创设一个安全而稳定的心理环境，从而帮助幼儿认识和调节情绪，发展良好的情绪管理能力。

在促进幼儿的情绪情感方面，教师可以采用的具体方法包括询问、倾听、鼓励和安抚等。

城堡倒塌了（大班）

龙龙用积木搭建的城堡即将完工（见图 4-1-1），突然“哐”的一声，积木毫无征兆地全部倒在地上（见图 4-1-2）。龙龙下意识地用手护住自己的脑袋并蹲了下来，他望着眼前的一切，停顿了好几秒。一旁的孩子也发出了“哎呀，全倒了！”的惊讶声。

图 4-1-1

图 4-1-2

龙龙的眼泪开始在眼眶里打转，但他没有放声大哭。教师走过去询问道：“龙龙，你有没有受伤？”龙龙摇摇头。教师经检查确定龙龙的身体没事后，摸着龙龙的头说：“你用心搭建的城堡倒塌了，我知道你心里一定很难受。”龙龙没有回应，只是蹲下身摸着倒在地上的积木。教师也蹲下身在旁边陪着龙龙。过了一会儿，教师轻轻地搂住龙龙说：“你是一个非常勇敢的孩子，你可以选择继续搭建一座更高的城堡，也可以选择休息一会儿。”龙龙用手擦了一下眼角，说：“我想重新搭一座城堡。”教师用力抱了抱龙龙，并为他竖起大拇指。

城堡的突然倒塌对龙龙的情绪造成了一定影响，教师关注到了他的情绪情感变化，于是上前询问他是否受伤，并对他悲伤的情绪表示了理解和接纳。之后，教师蹲下身子陪伴他，给予其情感支持。随后，教师没有直接向幼儿提出要求，而是提供了两条建议——重建城堡或者休息，这体现了教师对幼儿的尊重，表明幼儿在游戏中始终享有自主权——可以决定什么时候玩游戏、如何游戏以及何时终止游戏。最后，龙龙擦干眼泪决定重新搭建城堡，这说明教师的支持对幼儿的情绪调节产生了积极的影响。

二、支持幼儿的思维发展

幼儿的思维在早期以直觉行动思维为主，在中期以具体形象思维为主，在末期开始萌发抽象逻辑思维。

良好的思维对幼儿的学习能力、创造能力和解决问题的能力有着至关重要的影响，为幼儿未来的学习与发展奠定了坚实的基础。

支持幼儿的思维发展，需要我们提供丰富的感知环境、鼓励幼儿主动探索、引导幼儿解决问题、强化幼儿对游戏的评价与反思等。

弹力小船（大班）

在开展“造船奇遇记”的班本课程中，孩子们利用矿泉水瓶、木棒、橡皮筋等材料制作了“弹力小船”（见图 4-1-3）。在测试小船能否正常前行时，他们发现螺旋桨会打到瓶底，由此提出了一些问题：“木棒需要预留多长？螺旋桨又应该多长？”他们通过对不同的“弹力小船”在水中的不同表现进行观察和比较，发现小船航行与螺旋桨的形状、橡皮筋的圈数、橡皮筋旋转的方向等因素有关。

在反复调试后，孩子们得出结论：想让小船向前航行，橡皮筋就要向后安装，这说明小船前进的方向和橡皮筋旋转的方向是相反的。他们对弹力及其反作用力也有了亲身体验和初步感知。为了对橡皮筋的旋转圈数和小船前进距离之间的关系有更清晰的认知，孩子们进行实验并记录了数据（见图 4-1-4）。实验结果表明，橡皮筋旋转的圈数越多，测得的数字越大，这也印证了橡皮筋旋转圈数和小船前进距离是成正比的。

图 4-1-3

图 4-1-4

在幼儿制作和调试小船的过程中，教师一直观察他们的行为，认真倾听他们在操作中遇到的问题，并通过梳理多个问题引导他们思考：怎样让小船动起来？怎样控制小船行驶的方向？橡皮筋怎样安装更合适？怎样让小船行驶得更快……在教师的引导下，幼儿通过观察、对比、猜测、验证等方式找到了小船向前行驶的条件和规律，从而解决了螺旋桨位置、橡皮筋圈数等一系列问题。

三、增进幼儿的同伴合作

同伴合作是幼儿社会性发展的重要内容。在日常生活中，幼儿通过参与各种活动与同伴合作，并在其中不断地学习和成长。同伴合作主要涉及幼儿与同伴之间的协商、分享等。同伴合作可以增强幼儿与他人交流的能力和合作的技巧，培养幼儿良好的团队意识，提高他们的社会交往能力。

四方跷跷板（大班）

柠柠与同伴利用一个轮胎和一架梯子玩起了跷跷板游戏。过了一会儿，柠柠对同伴说："我们来搭建一个可以供很多人玩的跷跷板吧。"柠柠和同伴商量后，搬来三个轮胎和三架木梯，搭成了一个循环叠加的四方跷跷板。柠柠和同伴站上跷跷板后发现，无论两人站在哪个位置，跷跷板都会往上翘，不能保持平衡。两人讨论后认为，四方跷跷板需要四个人同时站上去才能玩。

观察到这一幕，教师心里不由赞叹两人的创意，同时也注意到她们正用期待的眼神看着自己。于是，教师走上前问："你们是不是需要其他小伙伴一起加入你们的游戏？"两人兴奋地点点头。教师又问："还需要几个人？"柠柠说："还需要两个人。"教师追问："为什么还需要两个人？这个跷跷板可以怎么玩呢？"柠柠滔滔不绝地介绍起来。随后，教师建议柠柠邀请小伙伴加入她们的游戏。

柠柠向另外两个同伴介绍了四方跷跷板的玩法，四人通过反复尝试与配合，终于能开心地玩起来了（见图 4-1-5）。他们又发现木梯经常会踩空、不稳，经过商量与讨论，他们用木板代替了木梯（见图 4-1-6）。

图 4-1-5

图 4-1-6

幼儿在游戏时，有时需要一人冷静思考、独立完成，有时需要两人或多人合作才能完成。上述游戏中，在捕捉到幼儿寻求帮助的眼神时，教师做出了回应，通过追问了解到她们想搭建四方跷跷板的创意，并且鼓励幼儿自己去寻找小伙伴一起游戏。

四、加深对幼儿的了解

在观察幼儿的游戏时，教师未必能够准确了解幼儿的真实想法与意愿。因此，教师需要通过介入、倾听、与幼儿对话等途径更深入地了解幼儿，洞悉其行为背后的真实想法，从而验证之前对幼儿的假设是否正确，也为更好地解读幼儿提供可靠的依据。

轨道的秘密（大班）

小榆和几个小伙伴用积木、木板、轮胎等材料搭建了一条长长的轨道，并拿皮球玩起了滚动游戏（见图 4-1-7）。他们发现，皮球从起点滚下去时，会把作为围栏的砖块撞倒（见图 4-1-8）。小榆说："皮球的力气太大了。"

图 4-1-7

图 4-1-8

教师原以为幼儿接下来肯定会加固"围栏"，没想到几个小朋友走到了轨道起点处，小榆指着轮胎说："可能是因为这个太高了吧。"大家点头表示同意，于是他们合力搬走了一个轮胎，然后重新把木板搭在上面（见图 4-1-9）。他们继续玩，尝试多次后发现皮球依然会撞倒砖块。这时，教师以为他们肯定会再次搬走一个轮胎，谁知小榆领着大家来到皮球撞击砖块的地方，指着砖块说："是因为砖块的力气太小了，挡不住皮球。"（见图 4-1-10）玲玲说："一块砖的力量很小，三块砖的力量大。"说完，他们就把容易倒的"围栏"进行了加固。再次测试时，皮球终于能顺利滚到终点了。

图 4-1-9

图 4-1-10

上述案例中，幼儿每次的行为都和教师的预设不同。第一次，教师以为幼儿会加固“围栏”，没想到幼儿是想让斜坡变矮、坡度减小，从而使球的动力减弱、速度减慢。第二次，当教师认为幼儿会采用“老办法”解决问题时，没想到他们却加固了“围栏”。幼儿的表现让教师既有挫败感又感到兴奋，有挫败感的是，自己不太了解幼儿，没能正确解读他们的想法；感到兴奋的是，幼儿自己想出了解决问题的好方法。这说明，只有认真观察幼儿并倾听幼儿的对话，才能真正了解他们的意图，读懂他们的思维。

此外，与家长建立相互信任、相互尊重的关系，携手促进幼儿身心和谐发展，也是教师支持幼儿的重要目的之一。教师要让家长对幼儿园的工作以及班级课程拥有全面的认识与了解，让家长看到孩子的发展与变化，进而主动支持幼儿园的保育教育工作，理解教师工作的复杂性和专业性。关于这方面的内容，我们将在第六章具体介绍。

第二节　幼儿游戏中的教师介入

《幼儿园保育教育质量评估指南》指出：“认真观察幼儿在各类活动中的行为表现并做必要记录，根据一段时间的持续观察，对幼儿的发展情况和需要做出客观全面的分析，提供有针对性的支持。不急于介入或干扰幼儿的活动。”所以，教师应基于对幼儿游戏的观察和解读，准确判断介入的时机和方法。

一、介入的时机

根据对幼儿游戏的观察和解读，教师可以判断和把握介入幼儿游戏的时机。介入幼儿游戏的时机恰当，会增强幼儿游戏的兴趣，提升幼儿的游戏经验；反之，则可能降低幼儿的游戏热情，干扰幼儿游戏的进程。当幼儿在游戏中出现以下情况时，教师需要介入其中。

（一）当幼儿出现安全问题时

当幼儿出现冒险和挑战性行为时，教师应快速而冷静地靠近幼儿，以便在幼儿遇到危险时及时保护他们，而非第一时间干预或指导他们。这样一来，教师可以最大限度地呵护幼儿的安全和冒险精神。

玩转跳水台（大班）

孩子们用软垫搭建了一个足足有15层高的“跳水台”，软垫的层数越高，倒塌的可能性就越大。在快要爬上最高层时，辰辰不敢往上爬了，她的身体有些晃动，两边的同伴喊道：“没事，我们帮你扶着。”教师快速走过去，踮起脚尖，用手拉住软垫，使之不会倒塌。辰辰紧皱双眉，两手慢慢抬起，从爬到蹲，缓缓地调整自己的起跳姿势。最后，她站了起来，“砰”的一声跳到垫子上（见图4-2-1）。“哇，你好厉害，我也要试一试。”其他孩子看到后纷纷说。

图 4-2-1

在幼儿游戏过程中，教师时刻关注幼儿，敏锐地捕捉到幼儿站上垫子时小心翼翼的动作，预判到可能存在的危险，于是用手扶住垫子，让幼儿感受到被“保护”，同时又没打断幼儿的游戏。

（二）当幼儿的情绪低落或失控时

幼儿在游戏中会体验多种多样的情绪，如愉悦、满足、紧张、焦虑、伤心等。当幼儿出现情绪上的波动，特别是出现消极情绪时，教师需要及时询问、安抚和鼓励幼儿。

我要生气了（小班）

娃娃家里，扮演妈妈的可可拿着胡萝卜在煤气灶上烧菜，扮演爸爸的高高则抱着洋娃娃。这时，禹禹来到娃娃家说："我要吃饭。"见"饭"还没有烧好，禹禹走到可可身边，问："这是不是烧给我吃的？"可可说："不是，这是给宝宝吃的。"等了好久，禹禹还是没有等到自己的饭菜。看到桌子上的餐具，禹禹走过去将它们拿起来扔到地上。可可问："你为什么扔我的东西？"禹禹瞪大眼睛对可可说："我就是要扔，我已经等了好长时间了。"

"怎么了？"教师走上前问道。

"他们都不让我吃饭，所以，我生气了。"禹禹噘着小嘴说。

"可可，能告诉我发生了什么吗？"教师转向可可问道。

"我们没有不给他吃饭，但是我们要先给宝宝吃。"可可边说边指着一旁的洋娃娃。

"你也有饭呀，但是你要等一下，排好队。"高高赶紧凑上来说。

"我也想吃，禹禹，我陪你一起等吧。但是，我们得先把扔掉的东西捡起来，它们会难过的。"教师对禹禹说。

禹禹笑了笑，点点头，捡起了扔在地上的餐具，然后跟老师一起坐在旁边等待。

"太好了，又来了一个客人，我们得烧快一点了。"可可和高高又忙活了起来（见图 4-2-2）。

图 4-2-2

小班幼儿的情绪调节能力较差，上述案例中，教师通过倾听了解每个幼儿的想法，并以伙伴的身份介入幼儿的游戏。有了教师的陪伴，幼儿的不良情绪得到调节，主动捡起之前扔掉的玩具，重新加入游戏。

（三）当幼儿在游戏中想要放弃时

游戏中，当幼儿遇到困难、挫折而无法持续深入探究、想要放弃时，也是教师介入的时机。教师应在观察幼儿游戏的基础上做出判断：需要介入吗？为什么要介入？教师也可以用语言进行试探性的介入，观察幼儿是否接受。适宜的介入能够帮助幼儿重新建立自信心，使游戏朝着新的方向发展。

护栏总是掉下来（大班）

小志正在尝试用网格架、管道、挂篮和挂钩等材料组建一条可供小球滚动的轨道。前两天，他已经和同伴将透明管与网格架连接起来，今天他的主要任务是在网格架上搭建轨道。

小志将 S 形挂钩分别挂在网格架的第二格和第三格，从而将挂篮与弯头连接，并用燕尾夹固定尺子，将其作为挂篮的护栏。接着，他将两个挂钩挂在网格架上的第六格，将积木放在挂钩上，并尝试将两把尺子并排固定后充当第二层的围栏（见图 4-2-3）。但是，与第一层挂篮不同的是，第二层挂篮没有支撑架，而是用挂钩来支撑，这样一来夹子就没有了固定点，小球滚动时会将护栏撞倒。于是，小志将几个燕尾夹首尾相连，尝试固定第一层轨道的护栏（见图 4-2-4），可是护栏又一次倒了。

图 4-2-3

他前后调整了将近 30 分钟，均以失败告终。小志摇了摇头，准备放弃。观察到此情此景，教师上前问道：“哪里出了问题？”

小志说：“第二层的护栏总是掉下来，夹子怎么也夹不住。我想把这些夹子连起来，将它们挂到一层的护栏上，还是不行。”

图 4-2-4

“是夹子的问题吗？”教师问。

“从上往下，从第二个夹子开始，夹子总是掉下来。”小志说。

“你是用几个夹子连接的？”

“5个夹子，是不是有点多？”小志反问道。

“为什么会这么想？”教师追问道。

“这里的距离好像有点短。”小志用手比画了一下第一层和第二层轨道间的距离。

接下来，他拿走了第四个夹子，直接将第五个夹子和第三个夹子首尾相连，护栏终于不倒了。

在幼儿不断探索如何固定轨道的护栏时，教师没有第一时间介入，而是在一旁观察。当看到幼儿摇了摇头准备放弃时，教师才发起了和幼儿的对话。“哪里出了问题？”教师通过提问，引导幼儿梳理并聚焦问题。当幼儿表述了自己的探究过程和问题后，教师继续追问：“你是用几个夹子连接的？”这一问题启发幼儿思考夹子的数量如何影响连接的稳定性，从而找到解决问题的方法。

（四）当出现推动幼儿学习的契机时

当幼儿游戏的进程停滞时，教师可以采用试探性的语言、启发性的问题进行点拨，以推动幼儿进一步拓展经验。

滚球积分赛（大班）

洋洋和几个同伴正用滚筒、轮胎、长木板、大小不同的球进行滚球游戏。他们将一块长木板的一端搭在滚筒上，另一端搭在轮胎上，形成斜坡。之后，他们将另一块长木板架在两个滚筒之间，并把离轮胎近的滚筒设置为 1 号滚筒，把另一个滚筒设置为 2 号滚筒（见图 4-2-5）。今天游戏的目标就是把球滚进筒里，他们选择了篮球（大号）和毛球（小号）进行滚动。在游戏过程中，大多数毛球沿着长木板掉进距离较近的 1 号滚筒内，篮球要么沿着木板滚动后从两侧掉落，要么直接冲出第二块木板。游戏持续了将近 40 分钟，一直重复着这个模式。

图 4-2-5

“球掉进这两个滚筒的难度一样吗？”教师问。

“不一样，球比较容易滚进 1 号滚筒，滚进 2 号滚筒的难度比较大。”洋洋说。

“球滚进 1 号滚筒和 2 号滚筒的得分相同吗？”教师继续问。

“球进 1 号滚筒可以得 1 分，进 2 号滚筒可以得 2 分。”乐乐说。

“既然你们设置了 2 号滚筒，说明你们想得到更高的分，但是你们似乎并没有尝试让自己得到2号滚筒的分。”

“毛球和篮球都不听话，2号滚筒太难进了。”洋洋着急地说。

“问题出在哪里呢？回去后我们观看视频并讨论问题所在，下次游戏时可以重新挑战一次。”

教师在观察幼儿游戏的过程中发现，当幼儿察觉毛球更容易滚进1号滚筒时，他们便把兴趣点放在了毛球上。对于大班幼儿来说，这样的“停留”并没有让游戏出现新的进展。于是，教师提醒幼儿想一想一开始的游戏计划（1号滚筒和2号滚筒的积分挑战），让他们重新面对更大难度的挑战。

二、介入的方法

除了介入时机外，教师介入游戏的方法也是影响幼儿游戏的重要因素。教师应在观察与解读幼儿游戏的基础上选择适宜的介入方法，如语言介入、材料介入、动作介入等。

（一）语言介入

在幼儿游戏过程中，教师的语言介入不是直接告诉幼儿怎么做，而是基于幼儿遇到的困难，通过与幼儿对话或者对幼儿提问来引导幼儿拓展思维，促进幼儿的游戏更深入地开展。在运用语言介入幼儿的游戏时，教师需要思考自己与幼儿的对话或向幼儿提出的问题，能否给幼儿带来启发或对他们的行为调整有所帮助。

弹珠为什么不能转弯（大班）

玥玥和宁宁计划用积木搭建一座能够转弯的立交桥，可是当他们在立交桥上滚动弹珠时发现，弹珠总是在转弯处停下来（见图4-2-6）。

教师：“遇到什么问题了吗？”

玥玥：“弹珠总是停在转弯的地方。”

图 4-2-6

教师："为什么弹珠会停在转弯的地方？"

宁宁："转弯的地方有个很小的缝缝，它一到这个地方就停了下来。"

玥玥："弹珠在转弯处的第二条轨道里也上不去。"

教师："为什么弹珠上不去？"

宁宁："弹珠太小了，木板太厚了，它没有力气爬上去。"

教师："你们发现了两个问题，有没有什么解决的办法？"

宁宁用手势比画出一个直角："我觉得可以把转弯的地方搭建成 L 形，不要让这个缝隙存在。"

教师："怎么调整？"

宁宁："我们去试一试。"

两个人讨论后，重新对转角处的积木进行了调整（见图 4-2-7）。

图 4-2-7

在运用语言支持幼儿的游戏时，除了提问，教师还可以使用讲解、重述、表扬等方法。

（二）材料介入

幼儿与材料的互动情况是教师观察幼儿游戏时的重点。材料是幼儿游戏时的重要物质基础，既是幼儿的隐形教师，又是教师指导幼儿的重要媒介。当幼儿的游戏内容单一、重复时，教师就要考虑是否需要对材料进行调整，如添加、删减、组合材料等，通过材料的隐形介入来推进幼儿的游戏。

机器人转起来（大班）

自从科学区增添了小电机（只有一个连接头），几个孩子就一直尝试将小电机和其他材料连接起来，例如：把小电机与小电扇连接，小电扇就能转起来（见图 4–2–8）；把小电机与棒冰棍连接，就变成一个风力发电站；等等。此外，孩子们还将小电机装在自制直升机上当机翼，装在小船上当螺旋桨，装在汽车上当马达。“小电机 + 其他材料”的操作活动持续了大概两周，孩子们的探索模式没有新的突破。带班教师重新对材料进行了审视，发现孩子们使用的小电机只有一个连接头，玩法受到了限制。于是，教师在材料区重新投放了连接方式、功率和连接端口不同的电机以及不同的连接材料，如铁棒、齿轮等。新材料的加入激励孩子们开启了新的探索，“机器人动起来”的课程也随之产生（见图 4–2–9）。

图 4–2–8

图 4–2–9

（三）动作介入

除了语言介入和材料介入外，教师还可以运用肢体动作介入幼儿的游戏，例如：对于幼儿在游戏中表现出来的创造性行为，教师可以用点头示意甚至拍手祝贺等方式做出回应；对于幼儿不遵守游戏规则的行为，教师可以通过手势或摇头等方式提示幼儿。

此外，教师还可以选择以同伴的身份介入幼儿的游戏。介入或不介入幼儿的游戏都是教师采取的一种教育手段。教师是否介入、何时介入以及如何介入，在于对幼儿行为的观察以及对幼儿行为意义的分析。对待幼儿的重复性行为，教师可以等待，也可以给予挑战；对待幼儿的探索行为，教师可以欣赏，也可以在必要时与之互动；对待幼儿单纯的动作技能性行为，教师可以允许幼儿独自练习，也可以将其转化为想象性行为。介入是一种价值判断，教师的敏锐反应和及时应答反映的是教育智慧，而这种教育智慧来自教师的专业知识、教育观念以及教师在实践中的不断反思。

第三节　幼儿游戏后的教师支持

自主游戏结束后，教师可以通过一对一倾听、集体分享与交流等方式引导幼儿及时回顾和反思游戏过程，发现和理解幼儿行为背后的意义，进而为幼儿提供适宜的支持，促进他们的深度学习。

一、支持幼儿个体对游戏过程的反思

幼儿个体可以通过表征性记录和教师的一对一倾听对游戏过程进行反思。

（一）表征性记录：支持幼儿运用图画和符号进行反思

游戏结束后的表征性记录是指幼儿通过绘画、图表等可视化方法，将自己的游戏经历和感受表达出来的一种方式。幼儿通过表征性记录再现游戏过程，对游戏进行回顾、反思和梳理，从而内化游戏经验。因此，表征性记录也是教师了解幼儿的思维、观点、想法等内心世界的重要途径。

1. 重视幼儿的表征性记录

每次游戏结束后，教师都应为幼儿留出充足的时间，鼓励幼儿进行表征。

在表征游戏的过程中，幼儿的思维实现了从动作思维向符号思维的飞跃式发展。

2. 尊重幼儿的认知发展规律和个体差异

学前儿童的认知能力发展是一个从简单到复杂的过程，这一点也反映在幼儿对游戏的表征性记录上，例如：小班幼儿在表征性记录中容易出现简化、夸张、省略等现象；随着幼儿认知能力的不断提升，中、大班幼儿在表征性记录中越来越能反映游戏的完整过程和细节。

同时，教师要尊重幼儿在表征性记录中的个体差异。幼儿的表征能力各有不同，在鼓励幼儿记录游戏过程时，教师应淡化对记录美观程度的要求，更关注幼儿记录的具体内容。对于年龄较小或绘画技能水平不高的幼儿，教师应允许他们用涂鸦的方式进行记录。

3. 运用多元载体帮助幼儿回忆并记录游戏过程

有些幼儿可能因为忘记游戏过程而无法完整地对其进行记录。针对这一现象，教师一方面可以提醒幼儿在游戏后及时记录，另一方面可以在集体分享与交流环节借助于照片、视频和游戏作品等载体，帮助幼儿重温游戏过程。

4. 尊重幼儿的表征，突出游戏重点

有时，幼儿的表征性记录与教师的观察存在不一致的现象，这可能是因为教师没有完整观察到幼儿的游戏过程。因此，教师要尊重幼儿的表征，并借此加深对幼儿的了解。同时，教师应注意引导幼儿在表征性记录中突出游戏重点，例如：在记录建构游戏过程时，重点放在建构材料、建构方法、遇到的困难以及阶段性成果上；在记录表演游戏过程时，重点放在角色分配、角色扮演以及同伴合作等方面。

（二）一对一倾听：支持幼儿运用语言进行反思

一对一倾听是指教师在与一名幼儿的日常互动过程中，主动且全身心投入地听取幼儿真实的表达，尊重、接纳幼儿不同的想法，并通过移情性的理解与幼儿产生情感共鸣，给予幼儿适宜的回应，促进幼儿更具个性化的发展[①]。游戏后的一对一倾听，既是幼儿二次反思游戏的过程，也是教师反思自我的关键环节。

1. 营造良好的倾听氛围，鼓励幼儿表达

倾听不仅是一种行为，也向幼儿传递了一种“我想听你说”的态度。因此，在一对一倾听中，教师要营造良好的倾听氛围，鼓励幼儿表达。教师可以为幼儿提供一把小椅子，请幼儿坐下来慢慢说，让幼儿感受到平等和尊重。同时，这一做法也可以提醒教师放慢节奏，耐心地倾听幼儿并将他的叙述记录下来。如果幼儿不善表达，那么教师可以为幼儿提供一些白纸，告诉他在游戏中、游戏后都可以用纸进行记录并期待他多多分享。

在一次游戏后的一对一倾听中，然然不太愿意表达。于是，教师邀请她在温馨的图书区坐下来和她对话。然然讲述道：“今天我在积木区搭了桥。”教师耐心地追问：“你和谁一起搭的？”“你的桥搭好后发生了哪些有趣的事情？”在适宜的引导后，然然的游戏故事从两句话变成了 5 分钟的完整讲述。通过一段时间的一对一倾听，然然更愿意表达了。

2. 适当借助于工具，让倾听更专注

在一对一倾听中，有时会出现幼儿语速快，导致教师跟不上记录的现象。为了完整地记录幼儿的游戏故事，教师不得不打断幼儿的讲述，请他暂停或慢慢说，结果影响了幼儿表达的思路和情绪。针对这一情况，教师可以利用录音笔等工具记录幼儿表达的内容并及时整理。这样一来，教师能更专注地倾听幼儿，并给予其适当的回应与支持，幼儿也更愿意把自己的所思所想分享给教师。

图 4–3–1 是大班幼儿轩轩一周的游戏记录。每次游戏后，教师都会倾听轩轩讲述并用录音笔录下来，之后整理打印出来贴到轩轩的游戏记录旁边。

一段时间后，教师发现轩轩讲述的内容更完整、更丰富了，语言也更流畅了。

---

① 王春燕，胡金莹．幼儿园师幼“一对一倾听”审思［J］．学前教育，2024（1）：12–17.

图 4–3–1

3. 有效追问，提升幼儿的思维和表达能力

在一对一倾听中，幼儿常常出现表达零散、缺乏逻辑性的现象。这时，教师可以用高质量的问题追问幼儿，引导他们注意说话的逻辑性和简洁性，提高他们的概括能力和表达能力。

阿基米德高架桥（大班）

宴宴在游戏后分享了自己的游戏故事：“我今天在阿基米德区搭了一座桥，

遇到了一个问题，我们想了很多办法……”他的叙述相对简单、零散。教师通过一系列问题进行了追问：“你在游戏中有哪些发现？”“你在游戏过程中遇到了哪些问题？你是怎么解决的？”“要让桥墩更稳固，你是怎么做的？你为什么这么做？”在教师追问后，宴宴开始有意识地梳理游戏中的问题和发现，他的讲述也变得有条理起来。最后，他是这样介绍的：“我在阿基米德区搭了一座高架桥。我先搭了第一个桥墩，再搭了第二个桥墩，第三个桥墩稍微小一些，第四个桥墩还没完成。然后，我们在三个桥墩上搭了桥面，在桥面两侧搭了三脚架。最后，我们在三脚架上又搭了一层架子。我们遇到了三脚架老是倒的问题，后来我们发现只要在左右两边用同一种颜色的积木就能使三脚架平衡。最后，我们解决了这个问题。”

4. 利用碎片化时间，倾听每个幼儿

在一对一倾听中，很多教师常会感到时间不足，没有办法倾听每一个幼儿。对此，教师可以充分利用碎片化时间进行一对一倾听。例如，晨间来园时间，教师可以围绕幼儿的游戏故事和游戏计划进行倾听，对幼儿的表达表示好奇与欣赏，并提出一些问题拓展幼儿的思路。

5. 小组内一对一倾听，促进幼儿的经验共享

在开展一对一倾听的过程中，游戏小组内的一对一倾听，能够更加有效地促进幼儿对游戏的反思。

小组内的一对一倾听（大班）

子恒、宇杭、依晨一组，计划搭建三层可以贯通的斜坡。教师连续观察了三天后发现，幼儿总是不断地遇到斜坡倒塌的问题。三个人都情绪低落。子恒和宇杭活泼大方，语言表达能力强；依晨说话不太清楚，平时不爱举手发言。在游戏后的一对一倾听环节，教师首先邀请依晨介绍了自己的游戏故事。她说，有一次是她碰倒了积木，还有一次是因为地面的砖不平导致积木倒塌。宇杭补充说，因为在圆柱上面放了一个短圆柱，太高了所以会倒塌。子恒说，因为斜

坡一直倒塌，所以他们都不开心。

上述案例中，三名幼儿都提到了斜坡“倒塌”问题，但是对游戏有着不同的思考。在这个过程中，不仅教师在倾听，同组的其他幼儿也在倾听同伴的介绍并结合自己的思考进行补充。教师通过倾听了解了幼儿的游戏过程，幼儿通过倾听对本组的游戏进行了有效反思，同时同伴之间的分享也促进了经验的积累。

二、支持幼儿集体对游戏的分享与交流

集体分享与交流环节作为幼儿游戏后的一个重要环节，是教师了解幼儿游戏过程、帮助幼儿梳理游戏经验、提升幼儿游戏水平的重要途径。它对幼儿的倾听与表达能力的发展、同理心的建立、经验的整理与提升等具有不可估量的作用。

（一）集体分享与交流的价值

幼儿集体对游戏的分享与交流，为幼儿提供了相互倾听与交流的平台，有助于幼儿相互学习并提升自己的游戏经验。

1. 提供相互倾听与交流的平台

在集体分享与交流环节，幼儿需要认真倾听同伴的游戏过程和收获，理解同伴的情感和意愿，这促进了幼儿对游戏的反思，帮助幼儿积累了游戏经验。

2. 强化幼儿游戏的愉悦体验

在集体分享与交流环节，幼儿会热情地讲述游戏中的同伴交往、创造想象、探索发现等带来的乐趣，增强了快乐感和满足感。

3. 提高幼儿的反思与表达能力

在集体分享与交流环节，幼儿通过回忆和思考自己在游戏中做了什么、遇到了什么问题、是如何解决的，加深了对游戏的反思与理解，并在集体共同思考和解决问题的过程中提高了自我认知与问题解决能力。

4. 总结与梳理幼儿的游戏经验

在幼儿分享游戏过程的同时，教师可以快速地捕捉幼儿的原有经验，并在提问与讨论中，将幼儿零散的经验进行重构与梳理，使之成为更具系统性的新经验。

5. 帮助教师调整教学行为

幼儿在游戏中的成功体验或者遇到的问题与困难，可以有效地引导教师进行思考与总结。教师可以结合实际情况对游戏材料、游戏空间、观察策略等进行调整，以适应不同幼儿的需求与发展水平。

（二）高质量集体分享与交流的策略

教师可以从以下几方面入手，促进幼儿对游戏进行高质量的分享与交流。

1. 充分观察，提前捕捉交流的重点

游戏分享与交流时间不宜太长，因此在分享与交流前，教师应精心准备。教师可以先对一组幼儿持续进行观察，必要时反复观看游戏视频，找到游戏分享与交流环节重点要分享与交流的问题。

2. 带着好奇心与欣赏的态度去倾听

在集体分享与交流环节，教师应充分给予幼儿讲述的机会，不急于做出判断，而是带着好奇心与欣赏的态度去倾听，关注与幼儿的情感联结和关系建立，及时回应幼儿在情感上的需求，并捕捉其他幼儿的需要和感受。

3. 高质量提问，吸引更多幼儿分享与交流

在集体分享与交流过程中，教师可以通过高质量的提问吸引更多幼儿主动参与进来，引发幼儿间的互动。高质量的提问包括以下类型。

（1）启发式提问：教师通过提问引导幼儿回顾、识别和描述自己的游戏行为，启发幼儿思考、解释、总结或提炼游戏中遇到的问题和解决办法。例如：你在游戏中遇到了什么问题？你是怎么解决的？要让小球转弯，你可以怎么做？

（2）对比式提问：教师通过提问激励幼儿发现不同材质的物体的不同特征，

比较不同的事物或现象，培养他们的科学探究思维。例如：哪一种小球在斜坡上滚动得更快，为什么？你今天搭建的样式和昨天的有什么不同？

（3）开放式提问：教师通过提问鼓励幼儿从不同的角度思考问题，尝试新的方法。例如：如果你再在斜坡下面垫一块积木，会发生什么？

（4）体验式提问：教师用提问激励幼儿充分表达自己的情感和体验。例如：游戏中，你遇到了哪些有趣的事情？可以分享一下你的感受吗？

4. 重温游戏过程，吸引更多幼儿分享与交流

在集体分享与交流中，只有个别幼儿在讨论、其他幼儿置身事外的情况时有发生。教师可以借助于视频、照片等带领幼儿重温游戏过程，吸引其他幼儿一起参与集体分享和交流。同时，教师还可以邀请游戏小组再现情景，这不仅促进了游戏小组成员间的交流，也有助于幼儿将零散的经验进行整合，并通过讨论与解决问题促进游戏经验的共享和深化。

对于不善表达的幼儿，教师可以邀请小组中表达能力弱的幼儿先表达，表达能力强的幼儿后补充。

（三）集体分享与交流的形式

在集体分享与交流环节，教师可以采用以下几种形式。

1. 平行叙事式

平行叙事是指教师在认真倾听幼儿结合游戏表征进行口头描述的基础上，用富有逻辑性的语言讲述幼儿正在做什么，从而丰富幼儿的语言。例如，在斜坡轨道游戏结束后的分享与交流环节，当幼儿说“我把弹珠换了个位置，把轨道加长了，然后成功了”时，教师回应道：“我发现，你先把弹珠从斜坡的顶端移到了斜坡中间，又拿来半剖面管延长了斜坡的长度，让弹珠可以顺利滚下来，最后取得了成功。”

2. 游戏拓展式

游戏拓展是指教师发现幼儿游戏中有价值的点，在游戏分享与交流环节通过照片和视频还原游戏现场，并通过提问或对话激发全体幼儿思考关键问题，

让没有玩该游戏的幼儿一同参与进来，从而借鉴同伴好的做法，进一步拓展游戏。例如，在积木区中，有的幼儿开始挑战“来来回回”的斜坡。在集体分享和交流环节，教师先让全体幼儿一同观察这组幼儿的斜坡挑战视频，然后提问：“要让小球沿着斜坡滚动，可以怎么做？你们今天在搭建的过程中遇到了什么问题？如果是你，你想如何调整这个斜坡轨道的结构？”于是，积木区掀起了搭建“来来回回”斜坡的热潮。

3. 问题解决式

问题解决是指教师聚焦于幼儿提出的困惑与问题，通过组织幼儿观看游戏视频、游戏表征、游戏成果等，鼓励幼儿一起思考解决问题的方法，并激励幼儿在下次游戏时验证。例如，在积木游戏中，教师观察到幼儿在用正方体积木搭建斜坡轨道时只能搭建 5 条，没有办法再增加了。于是，在集体分享与交流环节，教师聚焦于这个问题，鼓励幼儿一起观察轨道的整体结构，并通过提问“上面轨道的坡度和下面轨道的坡度相比，哪个坡度大？”来引导幼儿发现第一层轨道比第二层轨道的坡度大，然后通过追问“坡度大的轨道，搭的层数会怎么样？”，引发幼儿对坡度和层数关系的思考，从而在改造斜坡时对每层的坡度进行调控。

4. 实践探索式

实践探索是指在游戏分享与交流环节，教师准备好游戏材料，以便幼儿在提出解决方法时现场验证方法的可行性。例如，当幼儿想通过缩小轨道两边的围栏角度让小球顺利滚落时，教师在现场准备了一张桌子、一筐阿基米德积木让幼儿操作，集体验证这一方法的可行性。

第四节　规划下一步活动：引发幼儿的深度学习

幼儿的兴趣、问题和经验是不断变化的，这就需要教师基于对幼儿游戏的观察来规划下一步的活动，给幼儿创造新的学习机会，帮助他们获得更多的经验。

一、规划下一步活动的依据

在规划下一步活动前，教师需要识别幼儿的需求和兴趣，发现蕴含学习价值的、有待探索的问题。

（一）识别幼儿的需求和兴趣

支持幼儿的游戏要以幼儿为本，不能用成人的思维来主导。教师应在观察幼儿游戏的基础上，通过文字、视频、照片等方式记录幼儿的游戏行为，并通过师幼之间的对话了解幼儿行为背后的意义，识别幼儿真正的需求和兴趣，进而设计能够激发幼儿探究动机的课程方案，引发幼儿的深度思考。

（二）发现幼儿可进一步探索的问题

当观察到幼儿游戏中的问题或探究线索时，教师需要对这些问题或探究线索进行梳理，分析并发现它们蕴含的学习价值，然后从中找到一个具有发展适宜性且符合大多数幼儿兴趣的问题或探究线索，支持幼儿的进一步学习。

二、为幼儿的下一步活动提供支持

在下一步活动开展前，教师可以为幼儿创设支持性环境，帮助幼儿共享经验；在下一步活动开展过程中，教师可以通过个别交流、小组实验、集体活动等方式给予幼儿适宜的指导。

（一）提供资源，创设支持性环境

教师可以根据幼儿的需求、兴趣和问题寻找可以利用的资源，如环境资源、人力资源等，以便支持幼儿进行深度探究。教师也可以鼓励幼儿分享自己在游戏中遇到的问题，并引导他们围绕问题提出可能需要的新材料，然后和幼儿一起搜集。在幼儿探究过程中，教师要有目的地观察并记录幼儿与游戏材料互动的情况，发现幼儿的有意义学习，并及时增减游戏材料。

（二）聚焦问题，进行持续性共享思维

教师可以带领幼儿重温共同的游戏经历，然后引导他们围绕自己感兴趣的具体问题或探究线索展开对话、进行持续性共享思维，拓展幼儿的认知，进而帮助幼儿获得新经验，并将新经验迁移到后续的游戏中。

（三）个别交流，提供具有针对性的支持

当幼儿在下一步活动开展过程中遇到问题且多次探究无法解决时，教师可以通过个别交流提供具有针对性的支持。例如，教师可以采用启发式追问、引导式对话等方式拓展幼儿的经验，帮助幼儿找到解决问题的方法，支持幼儿游戏的深入开展。

（四）小组实验，亲身验证问题解决方案

除了现场介入外，对于幼儿遇到的问题，教师还可以在游戏后有意识地帮助幼儿还原游戏现场，组织幼儿分组讨论并通过亲身体验、实际操作、直接感知等方式验证问题解决方案。

（五）集体活动，拓展全班幼儿的思维

在下一步活动开展过程中，教师可以通过观察来捕捉有价值的教育契机，并将其和教学活动连接起来，通过引发幼儿讨论和思考来拓展全班幼儿的思维，提升他们的经验。

斜坡挑战赛（大班）

第一次探究：初建斜坡

游戏观察

在一次户外积木游戏中，孩子们正在搭建斜坡，他们先用立方体积木搭建了两根高度不一样且间隔一定距离的柱子，然后将一块长木板的一端放在稍高一些的积木储藏柜上，将长木板的另一端放在稍矮一些的柱子上。之后，他们

又拿了一块长木板架在两根柱子上，并与前一块木板成直角放置。此外，他们还在木板两侧搭建了围栏（见图 4-4-1）。斜坡建好后，孩子们开始了弹珠滚动实验，结果发现了两个问题：第一，弹珠撞倒了围栏，飞了出去；第二，弹珠停在了转弯处（见图 4-4-2）。

图 4-4-1

图 4-4-2

游戏分享与交流

在游戏分享与交流环节，幼儿讨论了出现问题的原因。

（1）对于弹珠撞倒围栏飞出去的问题，有的幼儿认为是因为弹珠太重了，可以换一个轻一点的球，如塑料球；有的幼儿认为是因为围栏太薄了，可以把薄的长方形木板换成厚的长方形木板；还有的幼儿认为，可以在转弯处的围栏后面再增加一排围栏。

（2）对于小球停在转弯处的问题，有的幼儿觉得是因为弹珠滚到后面没力气了，可以在滚弹珠的时候更用力一点；有的幼儿觉得是因为这个转弯搭建得有问题，应该搭一个有弧度的转弯。

游戏支持

教师提供了图片、视频、绘本等资料，以便幼儿了解生活中汽车如何在立交桥上行驶和转弯。

第二次探究：能顺利转弯的斜坡

游戏观察

基于第一次探究活动，幼儿制订了改进斜坡转弯处的计划（见图 4-4-3 至图 4-4-6）。

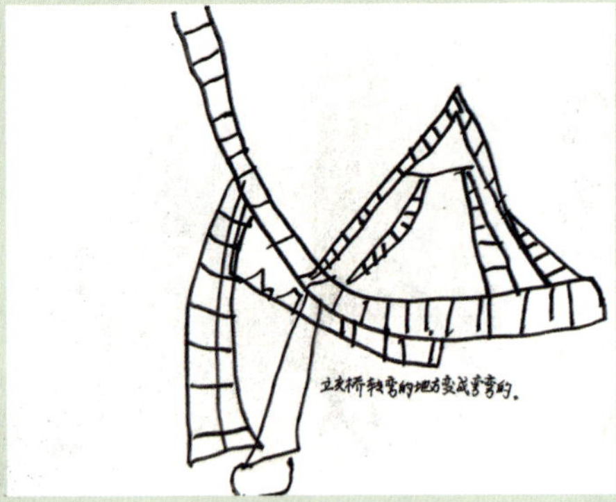

图 4-4-3

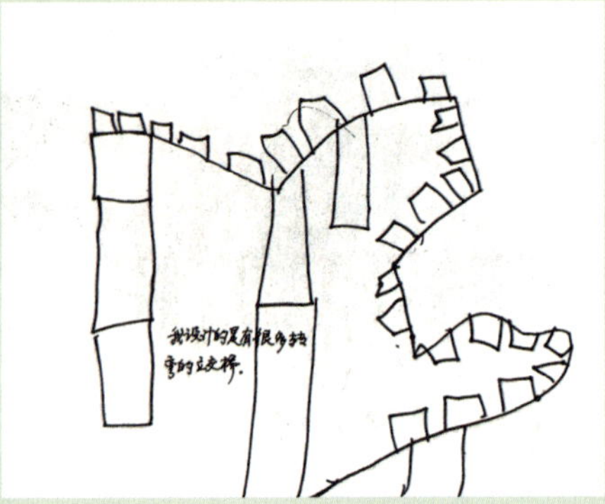

图 4-4-4

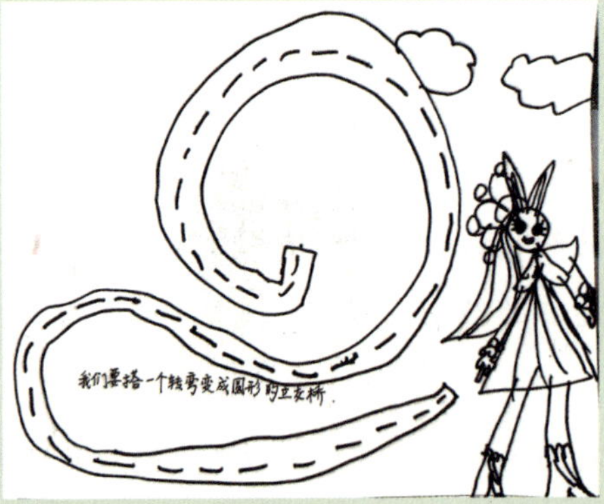

图 4-4-5

图 4-4-6

在实施计划过程中，不同小组进行了不同的探索和尝试。有的小组将一块小方砖积木斜放，让弹珠撞击后从而改变运动方向顺利转弯；有的小组直接将围栏摆放成弯弯的弧形，也能够让弹珠顺利转弯；还有的小组尝试将转弯处设置成钝角，结果弹珠卡在了两个斜坡的连接处（见图 4-4-7）。

图 4-4-7

游戏分享与交流

教师带领幼儿实地考察了挑战成功的小组所搭建的弯道并对其成功经验进行了总结，同时重点组织幼儿讨论了将转弯处设置成钝角的斜坡，针对“弹珠滚到洞里怎么办？”等问题鼓励幼儿进行交流。

第三次探究：不同小球的滚动

游戏观察

在前两次探究的基础上，幼儿能够成功搭建让弹珠顺利转弯的斜坡。这次，他们拿来了铁球、木球、塑料球和弹力球等，开始了小球的滚动距离测试（见图 4-4-8）。

图 4-4-8

在实验过程中，幼儿通过不同的测量方式，如用贴纸做标记、用阿基米德积木测量、用米尺测量等（见图 4-4-9），感知不同大小、重量、材质的小球的滚动情况。多次实验表明，弹力球滚得最远，之后依次是铁球、木球和塑料球。通过对比实验结果，幼儿知道了小球滚动的距离与小球的重量和材质有一定的关系。

用贴纸做标记　用阿基米德积木测量　用米尺测量

图 4-4-9

第四次探究：小球如何上坡

游戏观察

对于不同小球在斜坡上的滚动，孩子们的探索仍在继续。在一次游戏中，一组幼儿搭出了中间低、两边高的 V 字形斜坡（见图 4-4-10），这令他们在滚动小球时犯了难：小球爬不上去怎么办？他们尝试了换不同的小球以及加大力度抛出小球等方法，但是小球仍旧爬不上坡。

图 4-4-10

游戏支持

教师根据幼儿遇到的问题，围绕“有什么办法能让小球成功上坡？”生成了大班科学活动“小球上坡啦”，鼓励幼儿在自主表达后选择工具和材料自主探究，通过实验、调整、再实验等寻找能让小球成功上坡的方法。幼儿想出了减小上坡的斜度、加大下坡的斜度、调整上坡的长度、加大小球的冲力等几种方法（见图 4-4-11），并一一进行了验证（见图 4-4-12）。

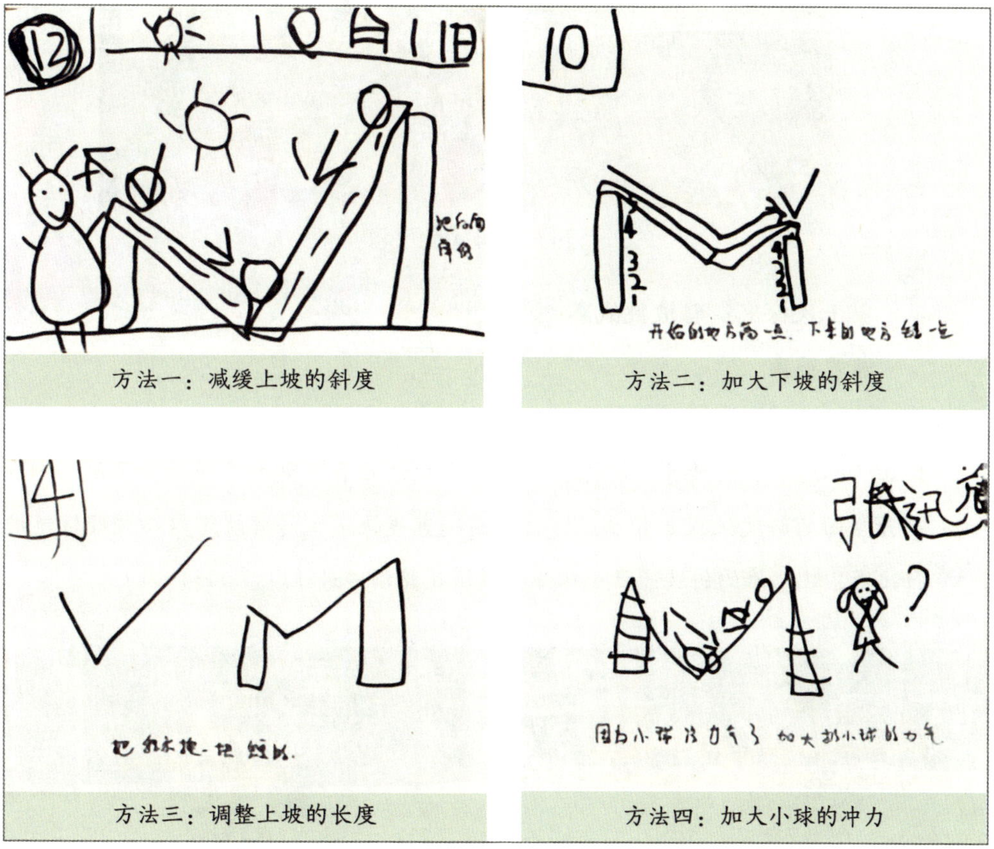

方法一：减缓上坡的斜度

方法二：加大下坡的斜度

方法三：调整上坡的长度

方法四：加大小球的冲力

图 4-4-11

图 4-4-12

第五次探究：斜坡挑战赛

游戏观察

经过几次探究，幼儿对斜坡的构造有了更深刻的认识，对一些特殊的滚动轨迹（如转弯、爬坡等）的探索也让幼儿的经验有了更大的提升。于是，一场别开生面的斜坡挑战赛开始了！大家围绕直线轨道、转弯轨道以及爬坡轨道进行比赛，比比谁的斜坡能让小球滚得最远（见图 4-4-13、图 4-4-14）。

图 4-4-13

图 4-4-14

上述案例中，教师基于观察发现了幼儿的游戏兴趣与需求，并通过价值判断选取了有待探究的问题，然后通过创设支持性环境、提供资源等规划了下一步的活动，引发了幼儿持续的探究性学习，努力实现了师幼共构课程。

第五章

反思：助力教师的专业成长

专家说

教师的专业成长绝非仅靠理论说教就能实现的，而是教师在反思性实践中获得的。张家港市实验幼儿园联盟的游戏实践过程，正是一个反思性实践的过程。

在这个过程中，“前后对比”是教师常用的一种反思方法，即教师通过对自己的每一种做法与幼儿的每一种表现的前后对比，逐渐突破传统惯性和自我固化的思维。例如，对比放手游戏前后的教师负担和幼儿发展状态后，教师不得不感慨——解放幼儿的同时也解除了教师身上的各种束缚，教师的减负反而使幼儿的发展水平大大超越以前。当教师不再为幼儿创设虚假的游戏情境时，幼儿在自己生成的、与个体经验相贴近的游戏情境中更加投入；当教师不再为幼儿设计材料的玩法时，幼儿的创意玩法远比教师预设的高明；当教师放下对幼儿学习的预期时，幼儿生成的学习无时无刻不在发生……大量的“哇”时刻，让教师的儿童观发生了根本改变。

在这个过程中，“重温视频”成为教师反思实践的又一法宝。起初，对幼儿游戏进展和幼儿行为细节的反思主要依赖教师的主观叙说，没有证据支撑，后来教师们开始采用“一镜到底”的拍摄方式，记录幼儿一段时间的游戏过程，并在教研活动中通过反复重温视频，定格幼儿的一些关键行为和行为细节。教师们从各自不同的角度，带着好奇心去判断幼儿行为所反映的经验或者猜测该行为背后的动机。在一次次重温视频中，教师对幼儿行为判断的准确性越来越强；在一次次行为解读中，教师对课程内容与游戏之间的关系、课程目标与游戏所体现的发展价值之间的关系、教师预设与幼儿生成之间的关系的反思越来越深刻。现在，教师们常常因在幼儿游戏的寻常时刻里，解读到幼儿行为背后的精彩思考而兴奋无比。游戏记录不仅包括对精彩的幼儿行为的记录，还应该体现教师的思想力。

由此可见，大量的理论培训并没有成为教师内在的价值追求。教师是在反思性实践场域中，通过“悟道”而产生专业定力，即不再人云亦云，而是相信自己在基于幼儿发展规律的实践中获得的感悟。他们通过对权威、自身成长环境、家长诉求、社会文化等影响因素的分析，发展了判断力。当教师认同自身的教育价值时，他们就能更好地实现自身的专业成长。

（华东师范大学教授 华爱华）

反思是指教师在日常教育实践中积极思考，对自己的教育行为进行审视、追问、质疑、批判、总结、提炼、改进，从而不断地超越自我、提升自我的过程。美国心理学家迈克尔·I. 波斯纳（Michael I. Posner）提出的教师成长公式为：成长 = 经验 + 反思。教师的成长除了受已有经验、个人潜质等因素影响外，更为关键的在于是否善于反思，因为反思是教师专业发展和自我成长的核心因素。反思型教师会在一次次实践中进行思考和提炼，让自己的教学能力螺旋式上升，从而实现从一般教师向专家型教师、从传统型教师向创新型教师的转变。

通过阅读本章，你将：

- 反思自身的教育观；
- 反思环境创设和材料投放；
- 反思对幼儿的解读；
- 反思对幼儿的支持。

第一节 反思自身的教育观

价值观是指一个人对客观事物的评价和看法，它的形成往往与个体的教育背景、所处的环境等有关。价值观一旦建立，就会对个体的人生走向、行为表现甚至理想、信念等产生深远的影响。就幼儿教师而言，由于其职业的特殊性和重要性，他们的价值观正确与否，将会影响幼儿的成长和发展。

在实际工作中，教师的教育观往往受到权威、自身成长环境、家长诉求、社会文化等因素的影响。

一、权威的影响

权威是指“在某种范围里最有威望、地位的人或事物”。[①] 对于幼儿教师来说，国家或地方政府颁布的政策性文件是“权威”，专家或专家的理论也是“权威”。在践行这些政策性文件或理论的过程中，教师既不能生搬硬套，也不能唯权威论，而是要针对具体儿童、具体情况进行分析，灵活地采纳它们。

例如，一些地方政府制定的幼儿园评估验收标准中明确要求：“教育计划（包括学期计划、月计划、周计划、日计划）要完整。”在实施过程中，教师如果过于强调活动的计划性，就会把目光聚焦于目标的达成和计划的实施上，容易忽视幼儿真实的兴趣和需求。教师可以把活动计划放在心中，在观察与倾听幼儿的基础上关注幼儿的学习和发展，随时修正和完善计划。

又如，当专家提出“材料投放要有明确的教学目的”时，有的教师片面地认为，材料投放要符合教师的教育目标，是“我想让幼儿怎么做”，而不是“我想知道幼儿想怎么做”。材料投放的目的不同，结果自然不同。在前一种情况下，教师会预先准备好材料甚至材料操作流程图，让幼儿按照既定要求操作，为了达成目标而产生高控行为；在后一种情况下，教师通过观察、倾听和解读来了解幼儿的需要并及时提供材料，以支持幼儿达成他们的目标。

二、自身成长环境的影响

每个人所处的成长环境会对其教育观念、行为方式、生活习惯等产生深远的影响。教师的成长环境则会影响他们的教育行为，进而直接或间接地影响他们对幼儿游戏的观察和解读。

舞龙的孩子（小班）

游戏观察

活动室里的小推车上摆放着打洞机、剪刀、胶棒、沙漏等工具，方便幼儿

① 中国社会科学院语言研究所词典编辑室. 现代汉语词典［M］. 7版. 北京：商务印书馆，2016.

在游戏中使用。阿虎拿了一根吸管，用嘴巴咬开吸管外面的透明包装，然后开始剪吸管。一根吸管很快被他剪成了几段，并被他放进了收纳废弃物的塑料盒里。我想到自己小时候不舍得扔写满字的旧本子，会用它糊窗户或者做引火纸，心里不由得叹息："真是太浪费了！"我一边想一边提醒幼儿要爱惜材料，但没有阻止阿虎的行为。之后，阿虎又取了一根紫色的吸管，剪了几段，接着又取了一个黄色的纸杯开始剪（见图 5-1-1）。我看着塑料盒里一个个被打过洞和剪过的纸杯，觉得很可惜，心想："如果阿虎只是想用剪刀剪，我是否需要提醒他使用这些用过的纸杯。"

在我犹豫不决时，阿虎的剪刀已经沿着纸杯的边沿剪开了，咔嚓咔嚓，纸条越剪越长，直到他剪到杯底也没断。"一块饼干做好了。"他举着剩下的一个杯底说。我指着长长的纸条问他："这是什么呀？""长长的，晾衣服的绳子。"他自豪地把"绳子"展示给我看（见图 5-1-2），接着他握着"绳子"的一端挥舞起来说："我在舞龙。"

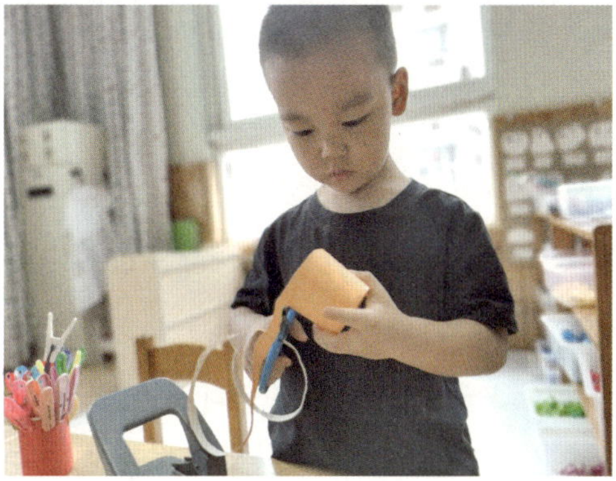

图 5-1-1

图 5-1-2

教师反思

当我看到阿虎剪崭新的纸杯时，受自身成长环境的影响，我的脑海中首先跳出的两个字是"浪费"。庆幸的是，我没有阻止阿虎，而是为他提供了"浪费"的机会，让他在宽松的环境中充分探索。

试想，如果我当时阻止阿虎再次拿取吸管，会发生什么呢？他很可能不敢再去拿崭新的纸杯，不会制作出“长长的晾衣绳”，更不会尽兴“舞龙”了，我也无法看到孩子自豪与愉悦的笑脸。因此，教师不妨给自己固有的观念松一松绑，尊重幼儿探索的欲望，允许幼儿偶尔“浪费”。他们在这个过程中的专注探索、独特想象和快乐体验，远比浪费一个纸杯、一根吸管更有价值！

三、家长诉求的影响

在幼儿园，家长的诉求往往会影响幼儿教师的教育行为。例如，家长非常关注孩子在户外游戏中的安全问题，常以不安全为由阻止孩子参与具有一定挑战性的体育活动。受家长诉求的影响，教师往往退而求其次地选择一些更常规、更安全的体育游戏，然而这在无形中错失了培养幼儿冒险精神和问题解决能力的机会。

在放手游戏过程中，教师通过解读幼儿户外游戏中的行为，让家长看到了幼儿具有较强的自我保护能力，能够对活动的安全性进行预判，也让家长看到了幼儿在户外游戏中的学习与发展，从而赢得了家长对幼儿冒险行为的支持。

“危险”的滚筒游戏（大班）

游戏观察

在添置了游戏材料滚筒后，我发现孩子们每天重复进行钻滚筒、在滚筒中爬、滚滚筒的活动（见图 5–1–3）。

图 5–1–3

这天，丁丁和宁宁商量：“我看到一个视频，有小朋友站在滚筒上走，我们也来试试吧。”宁宁说：“我不敢，妈妈跟我说站在高处太危险了，而且滚筒会摇晃，太危险了！”丁丁说：“你在旁边保护我，我来试试。”

他们开始合作尝试，前两次丁丁刚站上去就立刻掉了下来。一旁的我看得心惊胆战，及时阻止了这个游戏。这时，丁丁对我说：“老师，你来保护我，我就不害怕了。”他用一只手扶着我缓缓地跪在滚筒上，用另一只手撑住滚筒，试着让双脚站起来。经过几番尝试，在我的保护下，他终于能稳稳地爬上滚筒并且保持站立的姿势。活动结束后，我把视频发给了丁丁家长，希望他们支持孩子“冒险”。丁丁的家长回复道：“滚筒游戏太有趣了，我都想试一试。这既锻炼了孩子的平衡能力，又满足了他喜欢玩挑战类游戏的愿望。”第二天的户外游戏时间，丁丁开始小心翼翼地站在滚筒上试着往前走，他还和小伙伴创新了玩法：面对面交换滚筒往前走（见图 5–1–4）。

我及时将幼儿每一次游戏的视频分享在家长群内，点赞的家长越来越多，其他孩子也开始加入了滚筒游戏（见图 5–1–5）。

图 5–1–4

图 5–1–5

教师反思

在滚筒上站立和行走是一个充满挑战的游戏。最初，我制止了幼儿挑战，这是因为我在一定程度上受到了家长对游戏的安全性诉求的影响。当幼儿要求我保护他的安全时，我满足了幼儿想继续站上滚筒的需要。我发现，幼儿在游戏中能够权衡自己的运动能力、运动经验，具有预判危险的能力。通过向家长分享幼儿在运动中获得的经验和发展，我与家长达成共识，并以部分幼儿的“分批尝试”带动“全班尝试”，让更多幼儿享受不断探索和控制自己身体的喜悦。

四、社会文化的影响

传统的价值取向、伦理道德、行为规范、思维方式等社会文化要素，渗透于人们生活的方方面面。一方面，教育受社会文化的影响和制约；另一方面，教育又能反作用于社会文化。在多元文化并存的今天，教师需要摆脱思维定式，辩证地看待文化观念，在尊重幼儿的前提下洞察幼儿的想法，理解他们看似“不正确”“不正常”的行为，具体情况具体分析，正确发挥教育的引导作用。

孩子们眼中的奥特曼（小班）

游戏观察

这段时间，孩子们自称是奥特曼的忠实粉丝。他们喜欢看奥特曼的动画片、喜欢玩奥特曼的玩具，甚至会模仿奥特曼特有的动作。

游戏时间，几个孩子模仿起奥特曼的打斗场面（见图5-1-6），一会儿伸手，一会儿踢腿。以往我会阻止幼儿模仿，但是收效甚微。于是今天我忍住了，想先了解一下幼儿的想法。我问他们：“你们为什么喜欢奥特曼？”话音刚落，孩子们就打开了话匣子。

图 5-1-6

明明：“奥特曼很厉害，他的身体会发光。”

闻闻：“如果遇到危险，他可以变得又高又大。”

小龙：“奥特曼很勇敢。”

心心：“有时出现10个奥特曼，他们会一起打败怪兽。”

孩子们觉得奥特曼非常了不起。

教师反思

很多教师包括我对奥特曼的话题谈之色变、避之不及，主要原因是担心奥特曼的暴力行为会对孩子产生负面影响。所以，当孩子们模仿奥特曼的行为时，我本能地会去阻止。但是，他们并没有因为我的阻止就停止喜欢奥特曼。在孩子们的心中，奥特曼的形象是高大、勇敢、坚强、乐于合作的。与孩子们的对话启发我们尝试用孩子的眼睛看世界，进而更深入地理解孩子“不当行为”背后的合理需求。

谁排第一个（中班）

游戏观察

伊伊是班上年龄最小、个子最矮的孩子，因此她也享受了一些特权，如每天排队时，她总是排在第一个位置。

今天也不例外。在户外游戏结束后排队回教室的环节，皮皮第一个冲到了集合点，站在了队伍的最前面。伊伊慢悠悠地绕过他，站到了第一的位置。这时，皮皮一把推开伊伊，生气地说：“你到后面去。”伊伊说：“我每次都排第一。”玥玥在后面凑过来说道：“皮皮，你让伊伊排第一呀！她最小，我们要谦让。”皮皮对着玥玥说：“可是谁先到谁就排第一，今天我第一个到。”两人僵持不下。

教师反思

谦让是一种美德，无论家长还是教师都非常注重对幼儿进行各种谦让教育。我之所以同意伊伊排在第一名，本意是鼓励孩子们要懂得谦让。但是现在看来，伊伊已经习惯于受到优待，不按规则行事。今天皮皮通过自己的努力争取到了第一的位置，却要把它无条件地让给伊伊，这是否体现了规则的不公平呢？谦让不代表特殊化，也不代表能剥夺他人的权利。作为教师，我要引导幼儿理解谦让的含义，能够根据不同场合和环境进行合情合理的谦让。

想到这里，我轻轻地对伊伊说：“伊伊，请你排到后面去，如果你想排在第一名，下次请你加快速度哦！”

第二节　反思环境创设和材料投放

幼儿通过直接感知、亲身体验和实际操作来探索周围的世界。因此，环境创设和材料投放在幼儿游戏中显得尤为重要。教师需要反思如何创设具有邀请性、会说话的环境，投放开放性的低结构材料，让幼儿按照自己的方式在环境中主动探索。

一、反思环境创设

以往，教师往往站在成人的角度为幼儿精心打造环境，将为幼儿制定的发展目标融入其中，久而久之幼儿就对教师创设的环境失去了兴趣。放手游戏要求教师从幼儿视角出发看待环境，在环境中给予幼儿充分表达真实意愿和自由创造的机会，允许幼儿自主取放、自由摆弄材料，让每一处环境都蕴含着学习的无限可能性和创造性。

滑轮运输（大班）

游戏观察

我在草地上投放了一些攀爬类、悬吊类器材，有意识地创设运动环境，吸引幼儿开展攀爬、走平衡、投掷、悬吊等活动。刚开始时他们积极参与（见图5-2-1），渐渐地他们不再投入其中，玩了一会儿就趴在器材上休息。

图 5-2-1

一天，侠侠和扬扬爬上半圆形游戏器材，发现其顶上有积水，就想玩运水的游戏。于是，他们找来麻绳、水桶、小杯子等材料，并将麻绳的两头分别绑在半圆形器材和攀爬架上。这时，他们遇到了一个问题：如何把水桶固定在麻绳上？

侠侠说：“找个钩子试试。”他们选择了S形钩子来挂水桶，尝试后发现，水桶很容易从麻绳上掉下来。

扬扬说：“我见过滑轮，把水桶挂在滑轮上一滑就过去了。”他去材料库取来滑轮放到麻绳上（见图5-2-2），然后把水桶挂在滑轮上，水桶很快地从高处的攀爬架滑向了低处的半圆形器材（见图 5-2-3）。这时，他们又遇到了一个问题：怎样把水桶从低处运到高处呢？扬扬在同样的位置又系了一根带滑轮的麻绳，然后在滑轮下方系了一根短麻绳，用手拉动短麻绳，凭借绳子的拉力把水桶从低处运到了高处。

图 5-2-2

图 5-2-3

教师反思

游戏中，当幼儿不再进行体育锻炼时，我没有干涉或制止，而是充分相信他们。幼儿打破原有区域的界限，将固定的攀爬器材和多种开放性材料进行组合，创设了运输水的环境，并探索水桶从高处到低处和从低处到高处的运输方法。我看到了幼儿游戏的精彩之处，也意识到：当幼儿在教师创设的环境中只能玩固定的游戏时，这样的环境不再是鲜活的、有意义的，幼儿也会在简单重复的活动中失去探索和挑战的热情。

我认为，一种动态的、发展的环境是具有开放性、邀请性的。教师在创设环境时应该站在儿童视角，给予儿童表达自我、探索、体验的机会，让他们能将想法变成现实。

二、反思材料投放

在筛选与投放游戏材料时，教师往往具有明显的高控倾向，即使区域中的低结构游戏材料也被赋予固定玩法。虽然幼儿在与材料互动的过程中获得了一定程度的发展，但是随着时间的推移，材料的固定玩法会削弱幼儿的游戏兴趣，限制幼儿对材料的深度探索。只有当教师不再限定材料的玩法后，幼儿才能真正成为游戏的主人，重燃对游戏的兴趣，在与材料的巧妙互动中创造无限可能。

水的魔力（中班）

游戏观察

我在科学区投放了盐、打气筒、木棒、杯子、水等材料，要求幼儿按照我准备的流程图来探索水的奥秘。一开始，他们还能兴致勃勃地进行实验，但是一段时间后，这些实验材料就被孩子们冷落了。

观察到这一现象，我撤走了流程图。孩子们开始随意摆弄那些“重获自由”的材料，并且有了不一样的发现。

烜烜：“为什么这个瓶子里的水明明已经超过瓶口了，却不溢出来呢？是不是因为水里有很多小泡泡，它们聚在一起有一股吸力呀？”

岳岳：“老师，水杯里的盐不见了！盐和水在打架，盐打不过水，所以就消失了！”（见图 5-2-4）

佳好：“老师，快来看，我把手指放在有水的杯子外壁，我的手指都变大了！”（见图 5-2-5）

瑞瑞：“用打气筒往水里打气，旁边的吸管里会冒出水来，好神奇呀！我猜当打气筒往水里打气的时候，空气带动水，水面就会一直升高再升高，水就从

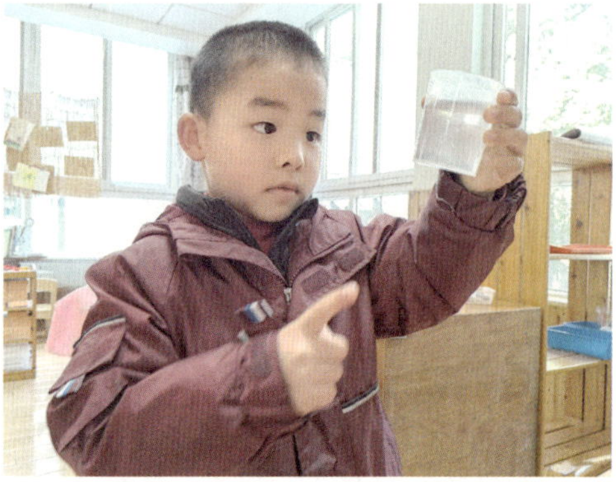

图 5-2-4

图 5-2-5

吸管里流出来了！”（见图 5-2-6）

昊昊：“我把木棒放在水里时，我感觉木棒断了。我猜是因为水面平平的，它挡住了木棒的一部分，另一部分没有挡住，这两部分看上去不在一起，就像断了一样。”（见图 5-2-7）

孩子们每一天都有新发现，科学区里每天都有孩子们忙碌探秘的身影。

图 5-2-6

图 5-2-7

教师反思

从材料调整的前后对比中可以看出，流程图或许在一开始起到了支架幼儿学习的作用，但是随着时间的推移，我能感受到它无法满足幼儿日益增强的好奇心，也影响了幼儿对游戏区其他材料的探索。通过反思，我撤走了流程图，孩子们慢慢研究这些重获自由的材料。他们积极探索，发现了一个个有趣的现象。

游戏材料的投放方式分为三种：目标导向式、自由开放式和探索发现式。我最初采取的材料投放方式即为目标导向式，这种投放方式用材料、玩法高度控制了幼儿，幼儿只是在被动枯燥地练习，时间一长幼儿就对科学区失去了兴趣。当材料的玩法放开后，材料投放方式由目标导向式转向自由开放式与探索发现式。孩子们对科学区重燃兴趣，在对材料的探索中有了多种发现，不时地发出惊叹。因此，放手游戏不仅要放手幼儿，也要放手材料，合理的投放方式让幼儿与科学知识走得更近、与材料互动得更深入。

环境创设不是静态的，而应随着幼儿的兴趣不断变化。材料投放应坚持儿童立场，根据幼儿的需求及时调整材料。当教师充分理解反思环境创设和材料投放的重要性后，他们就能更科学地规划环境，更有效地投放材料，为幼儿的学习与发展提供无限的可能。

第三节 反思对幼儿的解读

教师在解读幼儿的游戏时，应反思解读的内容是幼儿的外显行为还是幼儿的思维，解读的对象是一般意义上的幼儿还是具体的幼儿，解读的依据是幼儿当下的表现还是多种情境下的规律性表现，解读的是幼儿的某一方面还是各个方面。

有时，教师在看到幼儿的某些行为表现后就立即得出某个结论，没有看到幼儿行为背后的思维和想法，对幼儿的解读流于表面。

教师可以通过反复回看幼儿游戏的录像、幼儿的表征记录或幼儿的游戏作品，通过倾听幼儿的表达，通过教师的自我反思和集体反思，使解读尽可能地贴近幼儿的所思所想。

一、反思解读的内容

在解读幼儿的游戏时，教师主要依据幼儿的动作、语言、表情等外部特征，有时难免误解幼儿的想法。这就要求教师在解读时不能只是简单地看见幼儿的外显行为，而是要静下心来，带着好奇心研究幼儿的一言一行，透过外显行为解读幼儿的思维，了解其背后真正的“隐情”。

田阿姨不在幼儿园了（托班）

游戏观察

托班的孩子三妹从出生到现在都没有离开过保姆田阿姨，所以她常常念叨的也是田阿姨。

早上来园后，三妹挑选了自己喜欢的颜料开始作画（见图 5-3-1），她先画了一个圈，又在圈里画了两个小圈，图画整体看起来像一个人脸。接着，她又“刷刷刷”几笔，把原来画的内容全部涂掉了（见图 5-3-2）。当时我并没有在意，认为这只是孩子无意图的涂鸦行为。

图 5-3-1

图 5-3-2

重温游戏录像时，我发现了一个被忽略的细节：当隔壁班小朋友哭着喊妈妈时，三妹看了一眼，接着嘴里念叨着：“田阿姨，我的田阿姨……”三妹说着说着红了眼睛，过了一会儿，她蘸了一点颜料，把画像涂掉了。

我想，三妹看似不经意的涂画行为是不是在表达其他意思呢？随后，我询问三妹：“为什么要涂掉呢？”她伤心地说：“田阿姨不在幼儿园里。”

教师反思

起初，我认为三妹的绘画行为只是托班幼儿的典型行为特征——随意涂画。随后，通过重温幼儿游戏的视频和与幼儿对话，我才意识到，原来幼儿涂掉绘画作品的原因和我的解读大相径庭。我只看到了三妹的涂鸦行为，没有看到她涂鸦背后的情绪情感——她正在通过绘画的方式表达对田阿姨的思念。这次经历提醒我，如果只从幼儿的外显行为解读幼儿，解读得不一定准确。我们需要倾听幼儿并结合当时的情景，了解幼儿行为背后的原因，更深入地理解幼儿的思维和情感。

我正在做瀑布（中班）

游戏观察

澜澜在我的眼中是一个“捣蛋鬼”：他一会儿把纸剪得满地都是，一会儿把双面胶贴满桌子，一会儿又在头发上弄满橡皮泥。

这天，活动室里的卫生间突然传出“哗哗哗”的水声。我走近一看，澜澜把水龙头转动到台面上（见图 5–3–3），水流顺着台面流到地面，弄得满地都是水。我本能地想制止，但看到他专注的样子，我萌生了好奇心：他到底在做什么？

看到我走近他，澜澜兴奋地对我说：“老师，你看，这是瀑布。我们小区就有这样的瀑布，我在幼儿园也做成功了，小朋友都可以过来看瀑布。”

图 5–3–3

我好奇地问他：“你为什么要把水龙头转到台面上呢？”澜澜兴奋地说：“水不沿着墙壁直接流下来，就没有瀑布。水从很高的地方流到地上形成的是高瀑布，流到水池里形成的是矮瀑布。”我追问道：“这两个瀑布有什么不一样吗？”“高瀑布的水流声音响，矮瀑布的水流没有声音，但是矮瀑布的水流下来会形成一块水布。”

教师反思

澜澜爱捣蛋的形象在我心里已经固化，所以一看到他的这些行为，我就草率地判断他又在捣乱了。但是当我看到他投入的样子时，好奇心阻止了我上前干涉的脚步。

通过他的描述，我发现他看似在搞破坏，实际上是在复制小区里看到的瀑布。通过和他进一步交流，我更了解了他内心的想法：怎么才能做成瀑布？瀑布的高矮与水流声音有什么关系？他在探究中形成了自己朴素的科学理论。

游戏中，教师不能只看见孩子的行为本身，更不能轻易给孩子贴上诸如“捣蛋”之类的标签。也许我们认为的“捣蛋”行为背后，是幼儿正在酝酿着的新经验、正在创造着的“新玩法”。教师要多倾听幼儿的解释，了解他们行为背后的想法，进而对幼儿的行为多一份理解和欣赏。

二、反思解读的对象

教师常常引用《3—6岁儿童学习与发展指南》《幼儿园保育教育质量评估指南》等文件中的普适性标准去解读所有幼儿，但是忘记了每个幼儿都是鲜活的个体，具备独有的特征，同一班级中的幼儿的成长进程、发展水平也可能各不相同。因此，教师在解读幼儿时要提醒自己，正在解读的是具体真实的幼儿，而不是一般意义上的幼儿。教师要悉心分析每个幼儿的具体行为及其产生的具体情境。

我们来造个游泳池（小班）

游戏观察

安安和楠楠正在用魔尺玩游戏，她们先把魔尺折成长条，再围成长方形。安安将魔尺长条按照红蓝相间的模式，摆放在长方形里面（见图5-3-4）。她一边摆放一边说：“我们来做游泳池吧，一红一蓝、一红一蓝……我们做的是彩虹游泳池。”

图 5-3-4

楠楠拿了几块多米诺骨牌搭建了楼梯，解决了游泳池进出的问题（见图 5-3-5）。安安随手一挥，不小心打翻了楼梯，楠楠没有生气，而是温柔地问安安："你怎么把楼梯打翻了？"她边问边把楼梯放回了原位。安安用大的多米诺骨牌一格格地在魔尺做的楼梯上跳，模仿成人走大楼梯。楠楠看见了，马上把小的多米诺骨牌当作小朋友，创造了小朋友走小楼梯的场景，同时她继续丰富游戏场景，将多米诺骨牌摆成圆形当作"游泳圈"，并尝试着拿起"游泳圈"，可是没有成功。她思考片刻后去材料区拿了软管，将软管首尾相连围成一个个圆，并放在泳池上（见图 5-3-6），嘴里还念念有词："大游泳圈，中游泳圈，小游泳圈，超小游泳圈。"

图 5-3-5

图 5-3-6

教师反思

我以前一直认为，小班幼儿各方面的能力都处于初级阶段。当看到小班幼儿的游戏表现时，我会根据《3—6岁儿童学习与发展指南》中“愿意和小朋友一起游戏”“能根据自己的兴趣选择游戏或其他活动”等普适性标准去解读。但是在这次观察中，幼儿给了我很大的震撼。

首先，幼儿对材料的使用方式超出了我的认知。以往我认为，小班幼儿拿到魔尺后只会用来折单一的造型。游戏中，她们使用魔尺搭建了游泳池。她们还使用多米诺骨牌搭建了楼梯，创造出成人走大楼梯、小朋友走小楼梯的游戏情境。这说明，他们具有非常强的迁移生活经验和创造故事情节的能力。

其次，在发现使用多米诺骨牌搭建的游泳圈拿不起来后，她们更换了材料，尝试用软管围合，并把它们想象成大游泳圈、中游泳圈、小游泳圈、超小游泳圈。

当她们用语言描述游泳圈的属性时，她们就从数学行动走向了数学语言。此外，她们的行为也体现了其思维的灵活性。

最让我惊讶的是他们的社会性发展。当同伴打翻楼梯时，安安一直用稳定、愉悦的情绪和同伴交流。

安安和楠楠都上过托班，她们的游戏能力高于没上过托班的幼儿。同时，她们又有游泳的经验，因此能将生活经验迁移到游戏中，保持对游戏活动的兴趣。

这也提醒我们，不能直接套用一般幼儿发展的标准去看待所有幼儿。教师在观察幼儿的时候不要急于做出判断，要放慢脚步，综合各种因素，在具体情境中进行解读，看见每一个幼儿真实、具体的表现。

三、反思解读的依据

幼儿在某一时刻的行为往往具有偶然性，这就要求教师不能仅凭幼儿当下的表现就轻易做出判断，而是要依据幼儿在多种情境下的规律性、稳定性的表现进行解读，以免得出的结论不准确。

拒绝同伴帮助的大宝哥哥（小班）

游戏观察

孩子们用轮胎支架和体操垫搭了一个高高的山坡，几个人都想往上爬。

大宝踮着脚尖托着双胞胎妹妹的屁股，努力把她往上抬。一旁的七月看见了也来帮忙，两个人合作把妹妹成功地抬到垫子上（见图 5–3–7）。看到妹妹爬上去后，七月和大宝都想接着玩。大宝抢先占据了中间的位置，努力抬腿往上爬，试了几下都没有成功。七月看见了主动蹲下来，抱住大宝准备帮忙往上抬。可是，平时很乐意接受大家帮助的大宝今天一反常态，用脚努力地勾住架子的边沿（见图 5–3–8），拒绝了七月的帮助。

图 5–3–7

图 5–3–8

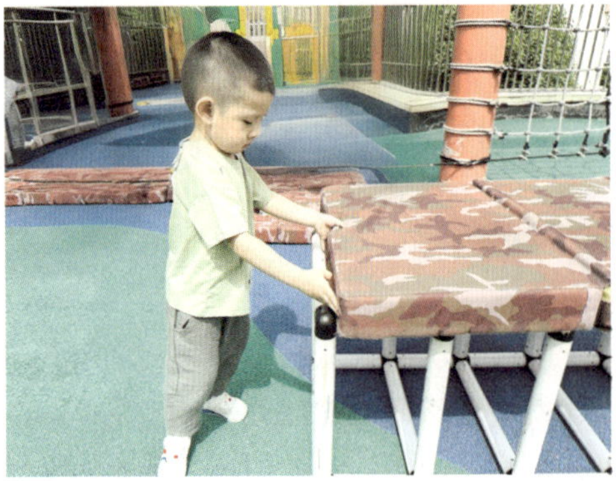

图 5–3–9

正当我疑惑大宝为什么拒绝同伴帮助的时候，大宝已经抬腿努力地爬了几次。可能是发现支架边上的体操垫有点软，他用力将垫子往里推了几下，又不断地抬起垫子调整位置（见图 5–3–9），直到下面的白色支架露出来为止。他用手拽住体操垫的两边，踮起脚尖努力往上爬，可是依然没有成功。这时候，妹妹爬过垫子又回到起点，自然地站到大宝前面，大宝二话不说，再次帮助妹妹成功地爬上山坡。

教师反思

在幼儿游戏现场看到的这一幕让我思考：大宝的行为跟他以往的表现完全不同，他为什么会拒绝同伴的帮助呢？是因为他想抢先玩，还是因为别人扶他让他感到不舒服？我的脑海中不停地闪现着对幼儿当下行为的即时性判断。但是，我又质疑这些判断的准确性。随后，我咨询了当班教师，并跟她一起回看了各自拍摄的视频。我们共同关注到一个细节，即在大宝拒绝同伴帮助之前，他将覆盖在轮胎支架上的垫子往前推到和支架对齐，因为有了轮胎支架的支撑，他很顺利地就爬上了山坡（见图 5-3-10）。

图 5-3-10

看到这一镜头，我和当班教师做出了这样的解读：大宝因为有了成功的体验而拒绝帮助；大宝平时就一直在被妹妹和其他人帮助，渴望通过行动证明自己的能力。

这次解读让我意识到，我们不能仅仅关注幼儿当下的表现，只有结合幼儿在多种情境下的规律性表现才能对他们的行为做出更科学合理的分析与解读。此外，教师的反思也应不局限于反复琢磨自己的经验，还可以借助于小组或集体的力量。

点点是一个怎样的孩子（中班）

游戏观察

在教研活动中，我们观看了中班幼儿的游戏视频《点点制作热气球》，并围绕这个视频对幼儿的游戏行为进行了解读和研讨。作为观摩老师的我发现，点点在近 60 分钟的游戏时间里，几乎没有与他人互动，即使遇到困难，也会坚持独立应对。

我在惊叹于孩子的独立、坚持、专注的同时，推测她是一个不愿意，也不善于与人合作、交往的孩子。长此以往，这是否会影响她的人际交往能力呢？

带着这样的困惑和担忧，我继续关注点点。我发现，每天来园时，她都会主动和执勤老师打招呼；游戏时，看到我走进她们的教室，她会主动介绍她最新完成的作品；在自然角饲养小兔的活动中，点点每天都会给兔子带来一些食物，和同伴一起饲养、观察它。

教师反思

如果一个孩子对周围的事物非常感兴趣并愿意为之付出努力，同时还能与同伴合作、分享，具有同情心，谁能说他是一个社交能力发展缺失的孩子呢？

通过这次事件，我发现观察幼儿是一件持续的事情，幼儿在单次游戏中的行为表现并不能作为准确地评价其发展水平的唯一依据。

四、反思解读的全面性

以往，教师会从游戏所属的类别以及该类别对幼儿特定能力的要求出发，看待幼儿的游戏行为。例如：在积木游戏中，教师会重点解读幼儿的建构行为和建构能力；在户外运动游戏中，教师更为关注幼儿的运动量和运动水平。

在游戏中，尤其是当教师不再规定游戏材料的具体玩法时，幼儿就会突破某一领域发展的局限性，实现各领域的全面发展。例如，在积木游戏中，幼儿不仅从事建构活动，还会进行科学探究甚至角色游戏。因此，在解读幼儿的游戏时，教师要分析幼儿各方面的发展，而不能只聚焦于幼儿某一方面的表现。

不被定义的炭灰积木（大班）

游戏观察

积木游戏开始了，孩子们戴上手套、拿起篮子开始搬运炭灰积木。第一组幼儿将许多圆柱体积木一根根竖起来，玩起了排队游戏（见图 5-3-11）；第二组幼儿将长宽不一的长方体积木与收纳筐组合，搭建了一个桌面；第三组幼儿把长木板当作船桨，貌似在划船；第四组幼儿用长板铺设了斜坡。这些作品零散地分布在操场的各个角落，与前几次孩子们搭建的宏伟、复杂的建构作品相比，逊色很多。

正当我思考要不要指导他们搭建时，第一组幼儿兴奋地喊道：“看，我击中了 8 个保龄球！”我的目光被他们吸引。

第二组幼儿着急地喊：“老师，我们需要乒乓球。”我疑惑地问道：“你们为什么需要乒乓球呢？”“我们的乒乓球桌搭好了，我们要打乒乓球呀！”我恍然大悟，原来他们铺设的桌面是乒乓球桌（见图 5-3-12）。

第三组幼儿用积木表演起《西游记》中的故事情节——“拜师学艺、三借芭蕉扇、火烧唐僧师徒、蜘蛛精的盘丝洞”（见图 5-3-13）。

第四组幼儿则在斜坡上玩起了斜坡滚动游戏（见图 5-3-14）。

图 5-3-11

图 5-3-12

图 5-3-13

图 5-3-14

教师反思

以往在积木游戏中，大班幼儿常常运用多种建构技能呈现壮观的作品，我在观察幼儿游戏时以及在游戏分享与交流环节也会更多地关注幼儿的建构技能。本次游戏中，当看到幼儿的建构作品过于简单时，我好几次想介入指导。庆幸的是，在我思考和犹豫不决时，我听到了幼儿游戏的声音，看到了幼儿游戏的状态。他们根据游戏情节的需要，重新赋予了积木新的用途。

他们把自己的生活经验迁移到游戏中，在材料玩法上有了新的突破。他们把圆柱体积木当作保龄球，把用积木平铺的桌面当作乒乓球桌，利用积木再现了《西游记》中的故事，玩起了角色扮演游戏。在这些游戏中，幼儿不仅巩固了搭建能力，还发展了合作、想象、创造能力，增强了身体素质。斜坡滚动游戏则让我看到了幼儿“发现问题—寻找影响因素—进行价值判断—形成改进方案”的问题解决过程。

这次游戏既提醒我们需要持续地观察幼儿的游戏，不要盲目进行干预，又告诫我们对幼儿游戏的解读要关注幼儿的全面发展。

作为幼儿教师，我们需要不断反思自己对幼儿的解读，并通过反思积累经验，逐步完善自己对幼儿及幼儿教育的理解。

第四节　反思对幼儿的支持

放手幼儿的游戏不等于对幼儿游戏的放任，幼儿的高质量游戏离不开教师的支持。但是，如何把握自主游戏中支持的度，是每位教师需要反思的重要内容。教师应自觉地在幼儿游戏前、游戏中和游戏后审视自己的支持策略，既保障幼儿自主游戏的权利，又能帮助他们在游戏中深度学习和全面发展。

一、反思支持的时机

相较于如何在游戏前和游戏后为幼儿提供支持，教师更感棘手的问题是在幼儿游戏过程中要不要介入，以及怎样的介入才是支持幼儿。前文已经阐述过，当幼儿出现安全问题时，当幼儿的情绪低落或失控时，当幼儿在游戏中想放弃时，当游戏中出现推动幼儿学习的契机时，恰恰是教师介入游戏的适宜时机。

对适宜时机的捕捉，有赖于教师对幼儿行为的认真观察、对幼儿话语的俯身倾听、对幼儿思维的准确解读、对幼儿游戏意愿的真正尊重，这也正是教师的专业性所在。

三角形的屋顶（小班）

游戏观察

今天，糖糖搭了一座有四层楼的城堡，再搭一个屋顶就可以完工了。他先尝试用两块积木拼搭出一个三角形（见图 5-4-1），可是尝试了许多次都失败了。这时，糖糖抬头看着我，挠挠头，眉头紧皱，带着一点儿哭腔说："这个一直倒。"

图 5-4-1

以往，我会马上提供帮助，但这一次我改变了策略，决定等一等。于是，我对他说："不要着急，再试试别的办法。"他又拿了两块长积木代替，但是试了八次都没成功，他有些急躁了，眉头皱得更紧了，眼睛开始东瞟瞟、西瞅瞅，眼神已经游离到其他区域，手也垂下来不动了。我猜测，他快要放弃了。

我走上前问道："怎么了？遇到什么困难了吗？""这个三角形的屋顶一直倒，我总是失败。""积木不行，可以试试别的材料吗？"我提出建议。他看了看建构区，发现地上有一筐魔尺，便走上前拿了一个，说："这个可以。"说完，他将魔尺变成"∠"形放在城堡上，但魔尺还是无法站立。于是，他又将魔尺

图 5-4-2

的一个边转了转，变出一个角，这样魔尺就能立在屋顶上了（见图 5-4-2）。

教师反思

在平时的游戏中，我观察到糖糖遇到困难后就会皱眉头、甩手、叹气，而一旦这些行为出现，就离他放弃游戏不远了。考虑到这一点，当注意到他多次失败并且抬头求助于我的时候，我想介入他的游戏。但另一个想法同时浮现在我的脑海里：也许我“闭上嘴，管住手”，会发现不一样的儿童。

于是，我忍住了，鼓励他继续尝试别的办法。可是在他改变策略多次尝试却依然无果后，他产生了消极情绪，兴趣正在慢慢消失，注意力开始游离于游戏之外。这时我意识到，对于刚入园一个多月的糖糖来说，他的能力、经验不足以支撑他完成三角形屋顶的建构，此时便是介入的好时机。在我的介入下，他最后选择了用魔尺代替积木，完成了屋顶的建构。

幼儿在游戏中常常会遇到困难，但只要幼儿没有放弃游戏，仍然处于探索状态，教师就不宜干扰或妨碍幼儿以自己的方式开展游戏、理解世界。但当幼儿的已有认知、实践经验不足以支撑他持续探索时，教师就可以最少的介入让幼儿获得最多的探索机会。

二、反思支持的目的

放手游戏之初，教师往往会带着很多期待和预设去支持幼儿的游戏，希望幼儿的游戏能得到自己预期的结果。抱着这样的“强目的性”，教师在游戏现场会忍不住通过各种方式干涉幼儿的玩法，这种指向游戏结果的“支持”干扰和破坏了幼儿的真游戏。

因此，教师应时刻反思自己支持幼儿游戏的目的：是为了帮助幼儿顺利完成活动，获得精彩纷呈的“作品”或完美的结果，还是促进幼儿的学习品质的发展。

卡在缝隙里的魔尺（中班）

游戏观察

圆圆将魔尺塞进了窗户的缝隙里拿不出来了（见图 5–4–3），她躲到一边偷偷地抹眼泪。

图 5–4–3

我问：“谁能把它拿出来？”

周围的孩子纷纷行动起来。诚诚将另一把魔尺变直后伸进缝隙里（见图 5–4–4），结果两把魔尺相碰，诚诚手里的魔尺歪了。诚诚又将魔尺变成“钩子”进行尝试，但依然没有成功。

图 5-4-4

这时，棋棋和其他人也来帮忙，棋棋说："将这扇窗户关上就能拿出来。"

我说："那你试试看。"

他们发现，在关窗户的过程中魔尺可能会掉下去。方方问大家："魔尺掉下去了怎么办？"棋棋说："如果魔尺掉下去，我们就下去捡。"

圆圆趴在窗户上往下看（我猜测她可能心存顾虑）。

我说："你先试试看，掉下去了我们再去捡。"

孩子们先是关上了一扇窗户，接着将手里的魔尺变直，伸进去"顶"卡在窗户里的魔尺。一番操作后，魔尺移动了一些距离，棋棋看准时机，把手伸进去将魔尺拿了出来。

教师反思

看到圆圆着急、不知所措的样子，我最初的想法是直接帮她把魔尺拿出来。以往遇到这类小事时，为了速战速决，我会直接替孩子处理。但是，我也在思考：如果我把孩子需要做的事情做完了，那么孩子做什么？这样的支持与帮助是否在一定程度上阻碍了孩子的发展？

于是，我没有立即伸出"援助之手"，而是提出问题："谁能把它拿出来？"孩子们想出了很多办法，这让我看到了他们的创造力。在取魔尺的过程中，他们体会到了空间、长短、远近的变化。

当有个孩子问“魔尺掉下去了怎么办？”时，另一个孩子说“我们就下去捡”，这让我看到了他们积极想办法解决问题时的乐观心态。

刚开始圆圆显得慌乱着急，但是当她看到朋友们都在为她想办法时，她的情绪逐渐平复下来。我想这就是同伴互助的力量，不仅帮助幼儿解决了具体的问题，更给幼儿带来了勇气和心灵上的慰藉。

在游戏中，教师不能盲目地给予幼儿支持，而是要思考：为幼儿提供支持的目的不是代替幼儿解决当下的问题，而是引导他们尝试独立解决问题。

三、反思支持的策略

教师支持幼儿游戏的策略多种多样，如欣赏的眼光、引发深思的提问、材料的增减、以同伴身份发起的互动等。无论选择哪一种支持策略，教师都需要从解读幼儿的现阶段发展水平出发，通过支架的方式让幼儿获得更高水平的发展。

上楼时的安全问题（大班）

游戏观察

班级里总有几个男生，时不时地就忘记上楼梯时要注意安全。我经常通过集体谈话和个别交流的方式对他们进行提醒和教育，但收效甚微。今天，游戏结束后上楼时，再次出现了这个问题，我决定在游戏分享与交流环节重点和幼儿讨论这一问题，并尝试改变以往以说教为主的方式。

游戏分享与交流环节，我问孩子们：“今天带着安全意识上楼梯的小朋友，请举手。”大约有3/4的小朋友神气地举起了手。我说：“老师要表扬你们有安全意识，能自觉地用安全的方式上楼。请你们以自己的方式表扬一下自己吧！”孩子们有的拍起了手，有的对自己竖起了大拇指，有的露出了羞涩的笑容。

接下来，我又问道：“今天没有安全走楼梯的小朋友请举手。”七八个小朋友或坦率或犹豫地举起了手。我说：“老师也要表扬你们的诚实，也请你们表扬一下自己吧！”从表情上看，他们显然有些惊讶。

我接着说：“今天，老师想请你们画两个内容。第一，在上下楼时，具体哪个行为不安全；第二，这样的行为有可能产生怎样的后果。你们画完后和老师分享一下。”于是，孩子们纷纷在纸上通过绘画表达了自己对楼梯安全问题的认识，例如：冲上楼太快了，摔倒的话会头破血流（见图 5–4–5）；在楼梯上打闹很危险，会摔伤后脑勺（见图 5–4–6）；等等。

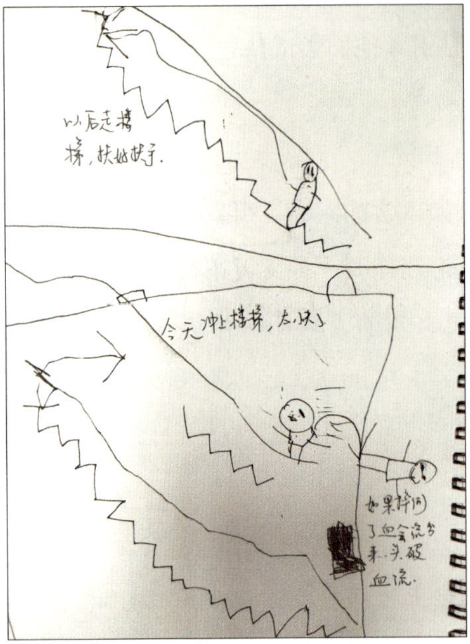

图 5–4–5

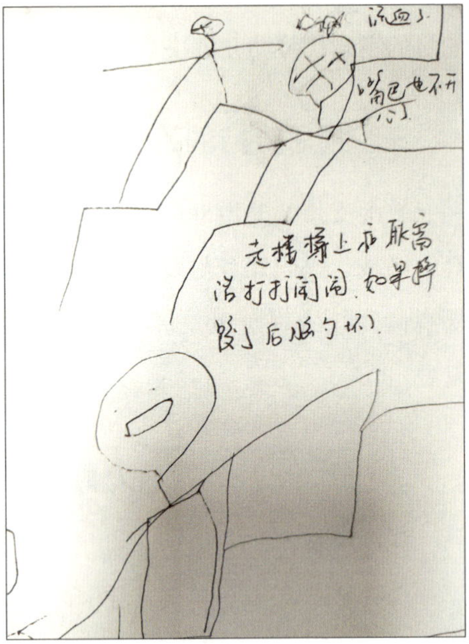

图 5–4–6

教师反思

本次活动中，我摒弃了以往苦心说教的做法，以包容的心态看待孩子的不良行为，以积极正面的语言鼓励孩子面对自己的错误，同时认真倾听他们的描述和分析。当我们真正理解和尊重幼儿时，我们和幼儿也就有了真实对话和沟通的可能性，而有了真实的对话与沟通，才能真正唤起幼儿的能动性。

幼儿能具体地描述自己的不安全行为，为了帮助他们意识到不安全行为可能引发的严重后果，我今天进行了新的尝试。我请他们以表征记录的方式去分析和反思，赋予抽象的事物以画面感，这远比教师的说教更有效果。表征记录能够引发幼儿的自我反思、自我评价，是一种有效的支持策略，能让幼儿真正地从“思”到“做”。

第六章

合作：家园携手促进幼儿的发展

专家说

家庭和幼儿园是儿童早期最重要的成长环境，家园共育也是当今学前教育质量保证的应有前提。家庭教育与幼儿园教育具有各自的作用，它们是形成一种强大的合力还是相互削弱，将直接影响幼儿的成长生态。长久以来，在家园关系上常常存在教育观念先进性和滞后性的矛盾与冲突，教师要么一味地迎合家长，要么以权威者自居来指导家长。家园之间很难形成真正意义上的教育合力，尤其在“以游戏为基本活动”的问题上，家长主要有两方面的担忧：一是游戏过程中如何保障幼儿的安全；二是游戏如何帮助幼儿适应未来的小学学习。

张家港市实验幼儿园联盟的教师们在亲身体验了放手游戏对幼儿学习与发展的独特魅力以后，在儿童观、学习观、教学观、课程观发生了根本改变以后，在对“渗透、整合、生成、支持、机会、协同”等课程实施中的日常概念有了切身体会以后，心中便有了让家长认同幼儿游戏价值的底气。他们充分认识到，要实现家园共育，就要让家长和教师成为平等的育儿共同体；要让家长理解和认同游戏，就要让家长亲自参与到以游戏为基本活动的课程实践中。为此，他们做了这样两件事：第一，同样的游戏空间和材料，让家长亲自玩，让家长看孩子玩，让家长与孩子一起玩；第二，让家长与教师一样，通过观察、解读来了解游戏对孩子学习与发展的独特价值。教师欣喜地看到，家长在体验游戏的过程中惊叹于孩子比成人更会玩，发现孩子有着成人难以预料的智慧、机智、策略和创造力，理解了孩子在游戏中习得的知识、经验、学习能力和学习品质，而这些具有后继学习的长远意义。这时，家长与教师就会产生共同的愿景，游戏已成为家长对幼儿园课程特色的赞词。

可见，关键不是家长认不认同游戏，而是教师认不认同游戏。与其说游戏中的安全问题和游戏与学习的关系是家长的疑问，不如说是教师的困惑，只要教师准确理解并做到位了，家长的问题就不再是问题了。

（华东师范大学教授　华爱华）

在幼儿成长的过程中，家庭和幼儿园是两个至关重要的因素。家庭是幼儿园宝贵的教育资源。家长既是教师了解幼儿的最佳信息源，也是教师最好的合作者。家长与教师的密切配合，使教育计划的可行性、幼儿园课程的适宜性以及教育的连续性和有效性等都能更好地得到保证。家庭教育和幼儿园教育各具特点和优势，二者协同发力，可以为幼儿提供更全面的教育体验。

通过阅读本章，你将：

- 了解放手游戏初期家园合作中的常见问题；
- 理解转变家园沟通的要点；
- 了解家园合作的有效途径。

第一节　家园沟通的转变

在良好的家园关系下，家庭和幼儿园相互信任、彼此支持，共同促进幼儿的健康发展。在放手游戏初期，家长产生了诸多担忧和质疑：天天玩游戏，孩子就不上课了吗？为什么将游戏作为主要的课程内容？为什么教师一直让家长收集树叶、瓶子，用这些东西能教出什么花样吗？

在放手游戏的过程中，教师通过多种方式带领家长走进孩子的游戏、聆听孩子的声音、解读孩子的思维，让家长认识到游戏对幼儿各方面发展的价值及幼儿在游戏中的能力发展，并与教师达成教育共识。家园沟通实现了以下五个方面的转变。

一、沟通目的的转变：从各自需求到共同需求

在放手游戏初期，常常有家长反馈：孩子玩泥巴时弄得头发、衣服上都是泥，太脏了；孩子玩梯子时手上蹭破了皮，孩子的安全得不到保障；与其让孩子每天都在外面玩，还不如让他们在教室里安静地学习……很多时候，家长的需求与园所的需求是相悖的，如何让家长和园所各自的需求成为彼此的共同需

求是教师在放手游戏后需要应对的问题。

游戏中的惊喜（小班）

放手游戏初期，教师经常反馈孩子们的游戏情况，分享孩子们收获的成果和喜悦。但是，部分家长对这些反馈并不在意，更关注孩子的知识学习、安全问题和卫生情况，例如："老师，幼儿园现在怎么不教数学呢？我们老家的幼儿园都教。""老师，孩子在幼儿园都玩什么了？怎么他每次回家时，他的衣服上都是泥点呢？"……

在一次小班家长开放日活动后，情况发生了变化。那天，孩子们在建构区用积木搭建城堡，希希拿起两块直角三角形积木，短边对短边将两块积木变成一个钝角三角形，刚好可以作为城堡的屋顶。希希拿着组合好的屋顶给妈妈看："妈妈，你看，这样屋顶是不是更大啦？"（见图 6-1-1）妈妈满意地看着希希，对她竖起了大拇指。搭完城堡后，希希拉着安安一起数城堡有几层："1，2，3……"希希妈妈震惊地问老师："希希都会数这么多层了？我们在家天天教她数数，都教不会。"教师笑着对希希妈妈说："这就是游戏的力量呀！"

图 6-1-1

沙水游戏时，一向关注孩子卫生的安安爸爸看着其他孩子挥舞着铲子挖得很开心，再看看安安站在一边脸上带着失落的表情。爸爸帮安安穿上了防水衣，说："去吧，大胆去玩吧。"安安开心地加入小伙伴的游戏。安安爸爸说："老师，以后他的衣服脏点就脏点吧，孩子开心最重要。"

如何让游戏得到家长的理解和认可，是教师放手游戏后需要应对的重要问题。有别于传统教学，在游戏中幼儿的发展是个性化、全身心、多方位的，是教师和家长都期望的；伴随着游戏的发展，幼儿不断发展，这种发展是隐性的，往往不易被家长发现。

教师可以定期邀请家长来园观摩幼儿的游戏，倾听幼儿在游戏中的反馈，同时经常给家长发送幼儿游戏的视频，每周定期把幼儿游戏记录本发给家长看，帮助家长了解幼儿在游戏中的能力与收获。家长通过各种活动亲身感受到课程游戏化的魅力，从而真正理解和支持游戏对幼儿发展的价值。这样一来，在家园沟通中将各自的需求转为共同需求，通过家园合作推动幼儿全面发展。

二、沟通内容的转变：从沟通经历到沟通发展

在放手游戏前，教师和家长沟通的内容以幼儿在园的经历为主，例如：孩子在幼儿园喝水了没有，有没有及时穿脱衣服，吃了多少饭，儿歌会不会念，操作卡做得对不对，等等。放手游戏后，教师在与家长沟通时侧重于交流幼儿在游戏中获得的发展。教师在观察、一对一倾听幼儿以及解读幼儿游戏的过程中积累了大量的素材，他们在与家长沟通时积极分享这些素材，吸引家长也参与到观察与解读幼儿游戏中来。家长反馈了更多关于幼儿发展的信息，积极与幼儿园教师互动，进一步推动幼儿在游戏中发展。

与家长的沟通（大班）

教师：“乐乐妈妈，这是乐乐搭建小球轨道的游戏视频，他的表现真的出乎我意料，所以忍不住想要分享给你，一起来看一看孩子的精彩表现吧！”

乐乐妈妈：“乐乐的游戏技巧完全超出了我的想象，看到他这么优秀的表现，我也感到很惊喜。”

教师：“乐乐原来喜欢一个人玩游戏，这次却能够和好朋友商量着一起解决问题、完成作品！孩子每天都有很大的进步，你发现了吗？他们很棒！”

乐乐妈妈：“在游戏视频中，我发现对于第二条轨道，孩子们迟迟搭建不好，原因在于第二个底座的距离太近，另一个小朋友想拆掉第三个底座重新搭

建，但是乐乐提出了一个很好的办法——两个人合作挪动底座，这体现了他在游戏过程中积极主动思考的态度。”

教师：“是的，通过这个游戏，乐乐还学会了和同伴一起想办法解决问题，很棒，回到家后你们要夸夸他。”

乐乐妈妈：“虽然孩子是在玩游戏，但孩子的每一个游戏行为都能促进他的成长与发展，在玩中学、在学中乐，这可以让他更加主动地学习，增强探索的兴趣。”

教师：“没错，你说得对，不管是老师还是家长，都要积极支持孩子在游戏中的探索，让他在游戏中成长和发展。”

乐乐妈妈：“孩子的进步离不开老师们的悉心培育，相信他以后会越来越棒。”

三、沟通地位的转变：从不对等到平等对话

放手游戏前，在家园沟通中，教师拥有更多的话语权与主动权，家长处于被动接受的状态。放手游戏后，教师以平等的态度和家长沟通，让家长参与到活动中。教师和家长之间的地位由“不对等”走向“对等”，彼此信任、相互支持，共同促进幼儿健康发展。

娃娃们的游戏有意思（小班）

幼儿每天游戏后都会用自己的方式进行记录。为了让家长了解孩子在园的游戏情况，获得孩子成长的信息，每周五幼儿园都会下发幼儿游戏记录册，让家长聆听孩子讲述在园的游戏故事，并将其记录下来。

当周一回收幼儿游戏记录册的时候，教师发现了各种各样的情况：有的游戏记录册上只有潦草的几个字，有的游戏记录册上没有家长记录的痕迹，还有些幼儿没有把游戏记录册带回来。幼儿园之所以下发游戏记录册，是想让家长了解游戏对幼儿发展的重要性，转变家长的教育方式，增进亲子关系。为什么幼儿园的初衷没有收到良好的效果？教师在和家长沟通方面到底存在什么问

题呢？

于是，在放学后，教师找了几位家长沟通游戏记录的问题。有的家长反映上班忙，没时间记录；有的家长说孩子不会讲，自己又看不懂；还有的家长说孩子说了很多，不知道该如何记录。了解了家长们的心声后，教师发现自己布置的这个任务非常生硬，没有考虑家长的受教育水平、对孩子的了解程度、闲暇时间等方面的问题。在家园关系中，教师占了主导地位，没有以平等协商的方式与家长沟通。

聆听并记录幼儿的游戏对家长来说是陌生的。了解了家长的困惑后，教师这周改变了收发游戏记录册的策略。对游戏记忆能力较强的孩子，让孩子自己思考何时收发游戏记录册；对记忆能力、讲述水平较弱的孩子，教师注意收集孩子日常游戏的视频，每天让孩子把游戏记录册带回家，将游戏视频发送给家长，请家长鼓励幼儿讲述并记录；对平常工作比较忙的家长，根据家长的时间安排收发游戏记录册。

此外，教师还主动将孩子们游戏的视频尤其是孩子们玩得兴高采烈或解决问题的视频，群发或私发给家长。家长会和孩子讨论还可以怎样解决游戏中的问题，积极寻找能够解决问题的材料并让孩子带到幼儿园实践。家长也因此更加了解孩子的游戏，知道孩子每天取得的进步，支持孩子玩出更加精彩的游戏。

四、沟通方式的转变：从单向到互动

放手游戏前，家园沟通是以教师为主的单向联系，教师是主动方、发起方、指导者，家长是被动方、参与方、被指导者。放手游戏后，家园沟通方式转变为互动模式，双方通过密切协作、有效沟通，为幼儿的发展打下良好的基础。

美食布置齐动手（中班）

一次午餐时，小朋友们发现还剩下很多米饭，这时教师用米饭、肉和蔬菜捏成小小的饭团。小朋友们感到新奇极了，都想试一试做饭团。于是，根据孩子们的兴趣，教师决定在班上开展制作饭团的活动。饭团要怎么做呢？需要什么材料和工具？小朋友们商议要在饭团里面加什么好吃的，家长也在群里展开了热烈的讨论。

小泽妈妈作为家委会成员，在网上搜索了做饭团的工具（如饭团模具、幼儿一次性手套、一次性桌布等）和基本材料（海苔碎、肉松、沙拉酱等）。之后，其他家长也加入收集材料的队伍。有的家长提供火腿、剥好的玉米粒，有的家长负责蒸米饭，有的家长负责准备海苔，还有的家长提供气球和小玩具……就这样，家长们经过讨论和分工，明确了各自要带的材料，还就怎么蒸适合做饭团的米饭这一问题提前学习了教程。活动当天，家长志愿者来到幼儿园和教师、小朋友们共同制作饭团（见图 6–1–2）、布置场地（见图 6–1–3）。在家长们的热情协助下，孩子们体验到了动手的乐趣。

图 6–1–2

图 6–1–3

五、沟通形式的转变：从单通道到多渠道

在放手游戏的过程中，我们努力做到沟通形式多元，线上线下齐发力。我们注重积累游戏照片、视频、故事等，形成家园共育资源，并通过创新家长会、家长沙龙活动，帮助家长看到教师的专业性，理解幼儿、认同游戏、支持幼儿园。

互动式新生家长会（小班）

在小班家长会上，每位家长都拿了一张幼儿游戏故事记录单，并试着去解读他们的发现与好奇心；观看幼儿的游戏视频，分享他们的感悟；了解游戏课程案例，看到幼儿游戏的价值。

家长沙龙活动（全园）

为了让家长更加理解游戏，看到幼儿在游戏中的学习，幼儿园有针对性地组织了家长沙龙活动。各班家长聚焦于游戏中的典型问题，进行细致深入的研讨。通过聚焦于案例、分组研讨、分享交流等形式，家长的思维进行碰撞，他们的儿童观、课程观也得到真正的转变。

第二节　共同支持幼儿的游戏

幼儿游戏质量的提升，是家庭和幼儿园合力的结果。在游戏开展的过程中，教师需要取得家长的认同与支持，与家长共创幼儿游戏的环境，邀请家长一起观察与体验幼儿游戏，共同支持幼儿在游戏中成长。

一、环境共创：为幼儿的游戏提供支持

幼儿游戏环境创设的最终目标是建立一个由幼儿园和家庭等组成的、共同支持幼儿游戏的教育生态。在实践过程中，我们应致力于让家长成为共同保护幼儿游戏权利的联合体，一起优化幼儿的游戏环境。

幼儿对游戏材料的需求种类多、数量大，而且需要持续性地更新和补充，单靠幼儿园很难满足幼儿游戏活动的需要。为了解决这个问题，幼儿园通过家委会、家长会、家长群等多种方式与家长沟通，帮助家长了解游戏材料的价值，尤其是低结构、生活化的游戏材料对幼儿发展的积极意义，在收集和利用游戏材料方面达成共识。

惊喜的蜕变（大班）

近期，教师在教室里投放了很多小木片。孩子们在使用这些木片进行建构的过程中，发展了空间知觉、观察、思维、创造、表达、分类等能力。教师经常把孩子的一些前期建构作品的照片发到家长群，邀请家长一起欣赏。起初有些家长提出了质疑："老师，这些木片有什么好玩的？它们的形状一样，又没有色彩。""教室里没有其他好玩的玩具了吗？""有些孩子的作品看着还行，但是他们只习得了搭建的本领，没有学会其他知识呀？"

面对这些质疑，教师在把照片发到家长群的同时，会附上一段对孩子行为的解读，引导家长发现建构游戏不仅是对造型的建构，还包括对斜坡、滚动、对称、平衡等科学现象的探究。教师还会向家长分享孩子在解决问题的过程中所展现的克服困难、积极思索、坚持钻研等品质。

在家长开放活动中，教师将幼儿前期的作品和当前的作品进行对比，邀请家长聆听孩子对作品的介绍，使他们惊喜地看到孩子们的语言表达、创新创造等能力大大提升了。家长们被现场的建构作品（见图 6–2–1、图 6–2–2）深深震撼，纷纷表示"小木片真是一种有价值的玩具"，也更加理解了"材料的结构越低，孩子们的创造力越强"这句话。

图 6–2–1

图 6–2–2

之后，幼儿园在各个游戏场地创建了游戏资源库，在提供了一些游戏材料的基础上，向家长发放了“资源收集倡议书”，邀请家长将生活中随处可见的自然材料、可回收物等提供给幼儿园，幼儿园再按照类别对这些材料进行整理并将其合理投放到各个场地的资源库，从而打造一个动态的、开放的、可改造的游戏资源库（见图 6–2–3）。

图 6–2–3

资源倡议书

游戏是幼儿的基本活动，也是幼儿重要的学习方式。开放多元的游戏材料能够满足幼儿运动、探究、创造、想象等活动的需要，能够引发幼儿的深度学习。为了保证幼儿更好地进行游戏，我园将设立“游戏资源库”。如果您的家里有以下闲置物品，请您清洗干净后带到幼儿园，我们将对它们进行整理并投放到幼儿园的各个游戏区。

★ 直径超过 1 厘米的光滑树枝

★ 木片

★ 薯片罐和纸筒

★ 各类闲置厨具和餐具

★ 布类材料

★ 塑料软管和矿泉水瓶

★ 麻绳、毛线及其他不同种类的绳

★ 种子、鹅卵石、松果等自然材料

幼儿园的工作离不开您的支持和配合，我们将把这些材料全部用于幼儿的游戏中，让幼儿获得更好的发展！

××幼儿园

××年×月×日

二、参与游戏：让家长理解游戏的价值

在放手游戏初期，家长对游戏的开展存在诸多担忧与质疑，不理解游戏的价值。为了提升家长的教育理念，教师邀请家长体验、观察孩子的自主游戏，甚至和孩子一起玩游戏、规划游戏，让家长感受到孩子在游戏中的发展，体悟到游戏的价值，从而更愿意支持孩子的游戏。

（一）体验游戏：让家长亲自玩

在组织家长体验游戏前，幼儿园先召开家长会，向家长系统地介绍园所开展与实施游戏的状况，组织家长实地参观幼儿园的游戏场地和游戏材料。

在体验游戏的过程中，家长自由地选择材料、组合材料，尝试探索多样的玩法：用积木建构各种造型的房子、在箱子上攀爬跳跃、在沙池里堆沙挖渠……在整个游戏过程中，家长们任意组合游戏材料、相互合作（见图 6–2–4、

图 6-2-5）。

图 6-2-4

图 6-2-5

在体验游戏结束后，家长们记录了自己的游戏故事（见图 6-2-6），并进行了反思和分享。家长们在游戏中感受到的挑战、创意、愉悦等体验与幼儿在游戏中的体验有很多共同之处，这些共同的体验让家长开始理解孩子为什么这么热爱游戏，并更加支持和认同孩子的游戏。

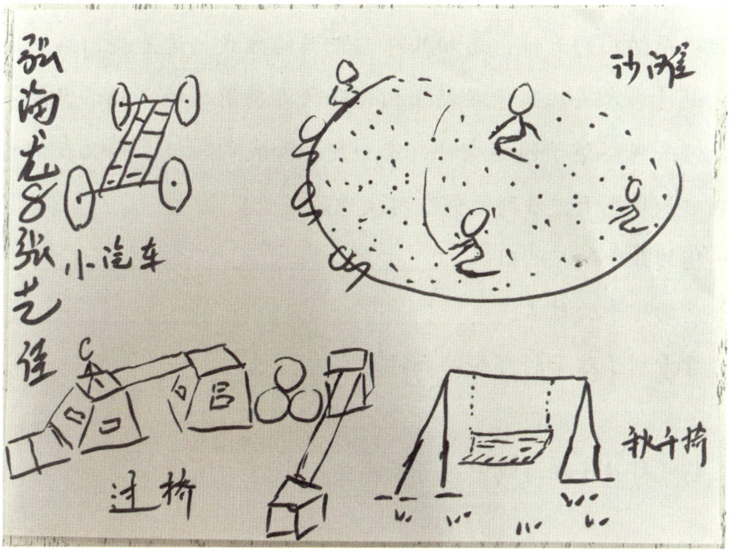

图 6-2-6

（二）观察游戏：让家长看幼儿玩

在家长体验游戏后，幼儿园组织家长观察幼儿的游戏。在家长观察前，幼儿园先向家长介绍观察的内容和方法，然后发放《游戏观察记录表》，请家长在不干扰幼儿游戏的前提下观察幼儿在游戏中如何使用材料、如何解决问题，并引导家长用手机拍摄幼儿在游戏中的精彩瞬间。

在观察幼儿游戏的过程中，家长惊喜地发现：幼儿的游戏创意如此精彩，材料组合如此精妙，问题解决能力如此强大。同时，家长看到了幼儿在游戏中的领导能力以及乐于助人、善于合作的品质。通过观察，家长发现了幼儿在游戏中的出色表现，开始对幼儿的游戏产生信任。

观察后，幼儿园组织家长开展交流活动，通过播放家长拍摄的一些游戏视频，请家长描述自己所看到的孩子的游戏行为，分析孩子有哪些发展，共同探讨对孩子游戏的思考。

游戏观察记录表

尊敬的家长：

您好！

游戏是幼儿的天性，是幼儿探索世界的方式。这是我们第一次以这种形式邀请您来关注孩子在幼儿园是如何开展游戏的，相信当您带着欣赏的眼光去观察孩子的游戏时，您一定会和我们一样，感叹我们的孩子在游戏中如此能干，看到他们在游戏中的成长！

1. 您的孩子所在的班级：____________________

2. 您的孩子的姓名：____________________

3. 您看到了孩子的哪些游戏行为？

4. 您觉得孩子在游戏中获得了哪些发展？

以下是家长观察孩子游戏后的感悟：

××家长：我看见××和小伙伴一起拿材料，分工合作，你一块、我一块，慢慢地，高高的房子就被搭建起来了；我还发现他们居然知道房子“不对称”，这让我很惊奇！在搭建积木的过程中，孩子们的思维得到了训练和发展，更重要的是孩子们学会了合作，也具有了一定的团队意识。在收拾积木的过程中，孩子们也是有条不紊地积极整理着。他们能养成这种整理的习惯真是太好了。作为家长，看到孩子的学习和进步，我们真的感到很欣慰！

××家长：当××从高高的箱子上稳稳地跳下来时，我看到了她的勇敢，她的身体更加强壮了，已经不是以前的那个小不点了。另外，我发现××变得更具有挑战意识，勇于尝试新玩法。小小的游戏，锻炼了孩子不同的能力，希望孩子以后能参与更多的游戏。

（三）共同游戏：与幼儿一起玩

幼儿园可以邀请家长参与到孩子的游戏中，让家长在和孩子玩同一种材料、同一种游戏的过程中（见图 6-2-7、图 6-2-8），发现孩子与成人不一样的能力与经验，尝试用欣赏的眼光看待孩子并向孩子学习。

图 6-2-7

图 6-2-8

以下是家长与孩子共同游戏后的感悟：

××家长：今天我和孩子一起参与了在树林野炊的游戏。游戏开始时，

××能思考今日的菜谱，需要切哪些蔬菜，怎样切，切完后知道送给下一个炒菜的小朋友。在制作奶茶的过程中，一个小朋友盖不上盖子，我引导他将不同的盖子与口径进行匹配，最终将一款蓝色的器具成功匹配，小朋友的思考能力得以提高。我们还一起了解如何用胶带和剪刀制作树枝相框，如何装饰我们的相框……每一个游戏在锻炼小朋友动手能力的同时，还增强了他们的想象力和创造力，多种形式的游戏使小朋友的体验更加丰富，太棒了！

（四）助推游戏：让幼儿玩得更深入

为了了解家长对游戏课程的认识，幼儿园进行了调查，发现绝大多数家长认为教师应该在游戏中发挥主要的支持作用，可见家长参与游戏课程的主体意识不强。但是仅仅依靠教师的力量，游戏开展存在一定困难。只有家长和教师成为合作伙伴，主动参与到游戏课程的规划和实施中，才能拓展游戏课程的深度和广度。

让家长与幼儿在游戏中相遇（大班）

最近，大班幼儿对骑行游戏非常感兴趣，他们和同伴一起设计骑行路线，创造性地组合材料来自制各种小车、创设加油站场景（见图 6-2-9），游戏内容非常丰富。

图 6-2-9

教师通过家长群和家长分享幼儿游戏的照片和视频，让家长及时了解班级游戏的走向。随着游戏的不断深入，游戏过程中出现了各种不遵守交通规则的现象，孩子们纷纷告状："老师，涵涵闯红灯了，她总是这样。""然然用自行车撞我。""老师，我和小宇说了这里是单行道，但他非要从这里通过。"教师在和孩子讨论的同时，也及时与家长进行了分享，家长主动和教师一起想办法："是不是孩子不了解交通规则？下次我带一些有关交通安全的绘本给他们看。""班里的睿睿爸爸是一名交通警察，让他给孩子讲讲交通知识吧。"于是，交警爸爸进课堂，和幼儿分享了非常全面的交通知识。幼儿不仅认识了驾驶证、了解了驾照考试的内容，还知道了驾驶员如果不遵守交通规则就会被扣分等。在家长参与到游戏中后，幼儿的游戏经验得到了提升，游戏情节也越来越丰富，幼儿的科学探索、社会交往和语言表达等方面的能力都获得了发展。

参考文献

[1] 程学琴. 放手游戏 发现儿童［M］. 上海：华东师范大学出版社，2019.

[2] 董旭花，张海豫，韩冰川，等. 自主学习：支持幼儿成为热情主动的终身学习者［M］. 北京：中国轻工业出版社，2023.

[3] 教育部基础教育司. 游戏·学习·发展：全国幼儿园优秀游戏活动案例选编［M］. 北京：人民教育出版社，2020.

[4] 李季湄，冯晓霞.《3—6岁儿童学习与发展指南》解读［M］. 北京：人民教育出版社，2013.

[5] 刘焱. 儿童游戏通论［M］. 北京：北京师范大学出版社，2004.

[6] 王春燕，胡金莹. 幼儿园师幼“一对一倾听”审思［J］. 学前教育，2024（1）：12-17.

[7] 中国社会科学院语言研究所词典编辑室. 现代汉语词典［M］. 7版. 北京：商务印书馆，2016.